RESETÉATE

JORGE ZURITA

ISBN: 978-0-9854160-7-2

© 2020 Jorge Zurita

*"Un reseteo en nuestra sociedad es una puerta abierta para explorar nuevas oportunidades de crecimiento. Cambios en el comportamiento y hábitos de compra, sumados a la adopción acelerada de tecnología, hacen de éste el momento que los innovadores estábamos esperando. **Resetéate y tú también súbete a la ola.**"*

Jorge Zurita

CONTENIDO

¿QUIÉN ES JORGE ZURITA Y POR QUÉ DEBO LEER ESTE LIBRO?

QUE TAL,

Mi nombre es Jorge Zurita, soy empresario digital, educador y autor. En mis libros y programas de entrenamiento trato temas de éxito empresarial, educación a distancia y crecimiento personal.

También soy productor de eventos y orador motivacional. Mi objetivo es enseñar a más personas principios de éxito para vivir vidas extraordinarias, satisfactorias y felices. He pasado los últimos años trabajando y operando mis negocios desde una computadora, explorando las vastas oportunidades de comercialización y automatización de productos y servicios que ofrece Internet.

Mi más reciente iniciativa empresarial, consiste en enseñarte a extraer tus conocimientos y experiencia para desarrollar tu propio curso, montar un negocio online y hacer lanzamientos digitales para generar ingresos todo el año.

Mi trabajo se desarrolla 100% en línea a través de una poderosa plataforma de herramientas web que resuelve todas mis necesidades de comercialización, entrega de cursos y atención a clientes.

Quizás por esa razón me resulta natural ver mi mente como una computadora. Un ordenador en el que muchos de mis pensamientos son como esos programas imprescindibles que todos hemos utilizado alguna vez: poderosos pero plagados de errores.

Y la pregunta que no hace mucho tiempo me hice fue: ¿es posible reprogramar mi mente? ¿hackear mis pensamientos y cambiar mis resultados de vida?

Mientras buscaba respuesta a esas interrogantes, estudié cómo funciona el cerebro y cómo nuestros pensamientos determinan nuestras acciones. Fue así que desarrollé mis propios "trucos" para engañar al pensamiento negativo y darle la vuelta.

La idea de utilizar estas técnicas es seguir adelante para conseguir lo quieres, sin hacer caso a la vocecita en tu cerebro que quiere sabotearte y mantenerte "a salvo". Ella te dirá cosas como: "detente", "no lo hagas", "es muy peligroso", "mejor no te arriesgues", pero casi nunca vale la pena escucharla.

Estas sencillas fórmulas te permiten identificar y depurar tus pensamientos limitantes y reescribir un nuevo código mental para tomar acción a pesar de sentir miedo. Hackear la mente te permite también enfrentar la adversidad con más confianza y darle cause a tus metas y proyectos de vida.

Como resultado de la actual crisis, mis planes de negocio y mis finanzas se vieron afectados. Me tomó casi dos años planear la estrategia y preparar el lanzamiento de una productora de eventos de educación presencial y apenas dos meses después de presentar al mercado mi primer programa educativo, fuimos llamados al confinamiento y ese ambicioso proyecto se vino abajo de un día para otro, al igual mis sueños.

Fue en ese momento cuando los trucos para engañar al pensamiento negativo me rescataron de la frustración. Estas técnicas me ayudaron a darle la vuelta al problema, también de un día para otro y convertirlo en una nueva oportunidad para mi.

De no haber contado con las mismas técnicas de hackeo mental que estás a punto de aprender, quizás mi frustración hubiera derivado en depresión y el día de hoy, en lugar de estar escribiendo estas líneas y replantear mi negocio para volver a lanzarlo e impartir todos mis programas de capacitación de éxito en formato digital, quizás estaría paralizado y confundido. Perdido y sin saber qué hacer.

Así que la respuesta a la pregunta de arriba es un rotundo sí. Sí es posible reprogramar tu mente y cambiar tus resultados de vida y en este libro encontrarás la metodología y principios para lograrlo. Aprenderás a ver tus problemas actuales desde una perspectiva diferente que te brindará el poder de elegir, en lugar de cancelarlo.

Probablemente tu negocio también se ha visto afectado. Tal vez perdiste tu empleo y viste disminuir o incluso desaparecer tus ingresos. Es tentador caer en desánimo y señalar con el dedo a las influencias externas que dieron lugar a tus problemas actuales, sin embargo, eso no hará que tu situación cambie milagrosamente. Entonces la nueva pregunta es: ¿Tú, cómo piensas enfrentar esta nueva realidad?

El mundo siempre tendrá altibajos, por lo que hay que asegurarse de estar preparados para los "altos" tanto como para los "bajos" y algo muy importante: tener confianza en que las cosas siempre pueden mejorar. Cuando todo va bien en tu vida, eres feliz. Pero cuando no ¿Cuál es tu actitud? ¿Sientes frustración, molestia, mal genio, estrés y solo eres capaz de concentrarte en lo negativo? ¿O acaso estás pensando en levantarte, reinventarte y encontrar la manera de salir adelante?

Tu respuesta a estas preguntas de alguna manera describe la forma en que vives tu vida.

No podemos controlar el mundo que nos rodea, pero sí la forma en que enfrentamos las circunstancias desfavorables. No dejes que la incertidumbre te paralice: recuerda que el miedo se conquista a través del conocimiento y la acción. Así que dale valor a tu tiempo y aprende a reprogramar tu mente para convertir la adversidad en oportunidades para ti.

INTRODUCCIÓN

El mundo cambió para siempre. Estamos viviendo tiempos de miedo e incertidumbre y la comprensión correcta de los procesos en curso, te ayudará a saber qué hacer para sortearlos de una mejor manera.

La presente recesión económica mundial tiene características muy distintas a las de cualquier otra crisis que nos haya tocado vivir y es evidente que está afectando a ciudadanos, familias, empleos, negocios y naciones.

Tienes en tus manos una guía conceptual para sobrevivir al actual reseteo sistémico. En estas páginas encontrarás respuestas a cuestiones fundamentales relativas a cómo reconocer y liberar tus miedos y preocupaciones, cómo darle valor a tu tiempo y convertir la tempestad en un catalizador para tu éxito, cómo manejar tus finanzas personales para preservar tus bienes y ahorros durante la desaceleración económica, cómo detectar nuevas oportunidades de negocio y cómo materializarlas para seguir generando ingresos.

No sabemos a ciencia cierta cómo será el mundo en la era de la automatización y la inteligencia artificial. Ni siquiera tenemos claras las nuevas reglas del juego, ya que siguen surgiendo nuevos retos cada día y no han quedado definidas; lo que sí sabemos es que el mundo ya nunca será el mismo de antes y la mejor manera de sobrevivir y prosperar en tiempos de incertidumbre, es tener una brújula de principios validados que te marquen el camino a seguir y te impulsen hacia adelante.

La mayoría de la gente piensa que es imposible encontrar algo positivo en una situación económicamente adversa.

El objetivo principal de este libro es que logres cambiar esa creencia y comprendas que a pesar de la incertidumbre es posible rescatar experiencias que aporten valor a tu vida y convertir la adversidad en oportunidad.

Cada vez que surge una crisis, muchas personas quedan rezagadas cuando amaina la tormenta. Algunas retroceden 2, 3 quizás 5 años con relación al punto en que se encontraban antes de la tempestad, mientras que otras sortean la emergencia de una manera más ingeniosa y dan un brinco de 2, 3 ó 5 años pero hacia adelante. La clave está en la mentalidad de cada una. Cuando enfrentas la adversidad con una mentalidad adecuada, cuentas con una herramienta muy poderosa que puede marcar la diferencia entre éxito y fracaso.

En este libro aprenderás cómo funciona el cerebro y cómo tus pensamientos influyen en tu comportamiento y resultados. Descubrirás cómo identificar y reemplazar creencias equivocadas que bloquean tus metas y te paralizan, para sustituirlas por otras nuevas que te motiven y te impulsen para llegar más alto. Tendrás un panorama de qué sectores e industrias ya vieron pasar sus mejores días y cuáles pueden despuntar y entrar en auge con el advenimiento acelerado de la automatización y la inteligencia artificial.

Finalmente, el libro presenta un listado de habilidades personales que debes adquirir, si quieres capitalizar oportunidades de negocio que están emergiendo.

No puedes permitirte el lujo de ignorar cómo lidiar con los recientes sucesos que están transformando la vida de las personas, los negocios y la sociedad. Este libro te brinda un compendio actualizado de principios prácticos que te ayudarán a sortear el temporal y construir un mejor futuro para ti y tu familia.

RESETÉATE

Es momento de formatear el disco duro que llevas contigo que es tu mente. Ponerlo en cero, borrar lo que no te sirve y liberar espacio para todo lo nuevo que puede llegar a tu vida.

Quizás es necesario pasar por una crisis profunda para dejar de procrastinar y empezar a potenciar tus verdaderos dones. Un suceso de ésta naturaleza es una oportunidad única para replantear nuestro rumbo y empezar a realizar la verdadera misión que vinimos a cumplir al mundo.

Piénsalo, no tienes porqué vivir toda tu vida con la misma mentalidad que desarrollaste desde muy joven para sobrevivir. Resetearse significa simplemente cambiar de mentalidad, dejar de lado todo lo que te estorba y conservar únicamente lo necesario para mejorar tus resultados en algún ámbito de tu vida.

SIEMPRE QUE PRESENTO UN TEMA EN PÚBLICO TENGO UNA REGLA DE ORO:

"No creas una sola palabra de lo que te voy a decir" y no es una broma, lo digo en serio. ¿Por qué aclaro esto? Porque los principios que expongo y que me han ayudado a obtener resultados favorables, derivan de mi propia experiencia y circunstancias de vida. Cuando pongo en práctica estas técnicas las cosas me salen mejor, pero cuándo no lo hago y las olvido, noto que mi vida empieza a ir cuesta abajo rápidamente.

Sin embargo, no te puedo asegurar que te vayan a producir los mismos resultados que a mi, ya que en eso tuvieron que ver muchos factores interconectados. Lo que sí te puedo decir es que las personas a las que se las he enseñado y las han aplicado, también han logrado resultados sorprendentes. Por eso te pido leer este libro con apertura y evitar rechazar *a priori* cualquier concepto.

Al final, aquello que creas que puede servirte quédatelo y ponlo en práctica. Lo que no te haga sentido y sepas de antemano que no te funciona, simplemente hazlo a un lado y olvídalo. Si haces esto, tú también verás cambios positivos en tu vida.

EL MUNDO TAMBIÉN NECESITÓ UN RESETEO

Haciendo un recuento de lo que ha pasado desde inicios de ésta década, nos vamos dando cuenta de que muchas cosas cambiaron. Por otro lado, existe una tendencia generalizada de sentir miedo por lo desconocido. Sabemos que el mundo ya no es el mismo. El desconocimiento de lo que está sucediendo en el mundo laboral y de negocios y no saber a ciencia cierta cuáles son las nuevas reglas del juego, está causando una epidemia de miedo en la sociedad.

Pero esto no debería de ser así. Un cambio repentino no sólo puede traer incertidumbre y malestar económico; también es posible encontrar cosas buenas.

Si tu realidad cambió de repente y se volvió imposible continuar por el mismo camino, si sientes que la situación te supera y no tienes una solución a la vista, significa que estás en el momento perfecto para operar un cambio radical en tu manera de ver la vida.

A partir de esta nueva conciencia puedes comenzar tu reseteo, dejando atrás lo que no necesitas y liberando espacio para que entre en tu vida lo nuevo que está por venir y que requieres para seguir adelante.

Los cambios recientes nos hacen darnos cuenta de que no es indispensable asistir a un gimnasio para hacer ejercicio. Tampoco lo es ir a una escuela para aprender cosas nuevas (aunque en mi opinión, tanto niños cómo adolescentes y jóvenes, necesitan de la interacción social que les proporciona el ir al colegio). Los eventos sociales se vieron sustituidos por reuniones en Zoom y las salidas de compras son menos frecuentes por la creciente tendencia de ordenar en línea.

Estos son solo algunos ejemplos de cosas que podrías dejar atrás. Recuerda: sólo pon en práctica lo que te haga sentido, lo que no, hazlo a un lado y olvídalo. ¿Quieres seguir yendo al gimnasio a realizar tus rutinas? Está perfecto. Pero estoy seguro que nunca consideraste que podrías prescindir de algunas cosas por considerarlas estrictamente necesarias, cuando en realidad no lo son.

La nueva realidad en el mundo laboral y de negocios también puede significar estar más relajados trabajando desde casa y pasar más horas en compañía de nuestros hijos y seres queridos. Este es un cambio cultural que no parece que vaya a desaparecer.

En años recientes una enorme cantidad de negocios han cerrado sus puertas y millones de personas perdieron su empleo. Muchos de nosotros aprendimos a gastar menos dinero, quizás en contra de nuestra voluntad y si lo piensas, eso puede ser una oportunidad para empezar a utilizar nuestros recursos de manera responsable.

HAY UN DICHO DE UN AUTOR QUE SE LLAMA ANDY ANDREWS, QUE DICE:

"Incluso tus peores momentos tienen valor y pueden convertirse, en retrospectiva, en tus mejores momentos".

Qué increíble creencia realmente. Sin embargo, la mayoría de las personas piensan que no hay mucho que aprender de la adversidad, que solo es un tiempo en el que hay que sufrir y pasarla mal, pero no es así, hay mucho más que decir de ella.

Por ejemplo: "Es en la crisis donde nace la inventiva, los descubrimientos y las grandes estrategias. Quien supera la crisis se supera a sí mismo sin quedar superado", decía Albert Einstein.

Esto equivale a afirmar que es posible convertir la adversidad en oportunidad, siempre y cuando tengas la mentalidad para hacerlo. Y de eso precisamente se trata este libro; de desarrollar una mentalidad adecuada para encontrar oportunidades, incluso en los tiempos de crisis.

Empecemos por definir estos dos conceptos: adversidad y oportunidad.

¿QUÉ ES LA ADVERSIDAD?

La adversidad se define como una situación desafortunada, una desgracia, algo desfavorable y difícil de sobrellevar.

¿Y QUÉ ES UNA OPORTUNIDAD?

La palabra oportunidad hace referencia a lo conveniente de un contexto en el que confluyen un espacio y un tiempo apropiados, para cumplir un objetivo y conseguir lo que quieres.

Entonces ¿cómo puedo convertir la ADVERSIDAD en OPORTUNIDAD?

¿Como puedo transformar una situación difícil en un contexto apropiado para sortear el temporal y avanzar hacia adelante en lugar de retroceder?

La respuesta es muy sencilla:

Reseteándote. Liberando espacio en tu cerebro, eliminando lo que te estorba y preparándote para recibir todo lo nuevo que puede transformar tu vida.

MANERAS EFECTIVAS PARA RESETEARSE

1. Replantea porqué haces lo que haces

Entre más fuerte sea el porqué de lo que haces, tanto más fácil será el cómo hacerlo. Si haces algo por la razón equivocada, es probable que pronto pierdas el interés y abandones ese proyecto. Encuentra una razón de fondo que le dé sentido a lo que haces y eso te motivará a seguir adelante con un ánimo imbatible. Por supuesto que no debes descartar la posibilidad de cambiar de actividad, ahora que la tecnología se ha vuelto fuente de oportunidad.

2.   Opera un cambio significativo en tu vida

Un cambio significativo sustancial en tu persona puede marcar un antes y un después en tu vida, y eso es una manera de resetearse. Házte con el hábito de ejercitar tu cuerpo. Transforma tus hábitos alimenticios. Baja de peso hasta poder volver a usar esa prenda guardada en tu closet. Cambia tu auto-imagen y aquí me refiero a también cambiar la forma en que te ves a ti mismo.

3.   Deja de culparte por errores pasados y haz las paces contigo mismo

Deja de sentirte culpable. Tampoco juegues a ser una víctima. Cada "error" cometido a lo largo del camino es una experiencia de aprendizaje. Tomamos las decisiones importantes en la vida convencidos de que son las mejores para nosotros y nuestros seres queridos, por lo que nunca debes arrepentirte de ninguna elección hecha en el pasado. Es mejor tomar experiencia de ello y prepararte para las siguientes decisiones.

4.   Cambia tu entorno

Encuentra un lugar distinto para trabajar o modifica el que ya tienes. Reacomoda los muebles y todo lo que pueda ser reacomodado. Ordena tus cajones. Tira todo lo que tenga pinta de ser basura. Cambia el color de una pared. Ordena tus closets y libreros y algo muy importante, regala todo lo que no usas y que está en buen estado.

5. Limpia tus toxinas mentales por un período de 30 días

Saca de tu cabeza todo lo negativo y ten mayor claridad mental. Limpiar las toxinas mentales no sólo te libera de un gran peso, sino que te permite pensar claramente y tomar mejores decisiones. Para llevar a cabo esta desintoxicación de tu cerebro, empieza por dedicar por lo menos 15 minutos al día para leer algún texto enriquecedor. Hablo de libros como "El Poder del Ahora" de Eckhart Tolle. "El poder de la Intención" de Dr. Wayne Dyer. "Piensa y Hazte Rico" de Napoleon Hill, etc. Evita lecturas chatarra, se trata de limpiar tu mente, no de contaminarla. Abstente de ver y escuchar noticias.

Limita las horas que ves televisión. La mayoría de las personas hoy día pasan de 2 a 4 horas viendo series de Netflix. ¿Te imaginas lo que podrías lograr si dedicaras la mitad de este tiempo a algo productivo?

Abandona la mayor cantidad de grupos de Whatsapp que puedas y deja de distraer tu atención cada 3 minutos con mensajes inútiles e irrelevantes. Resiste la tentación de revisar redes sociales en tu teléfono todo el tiempo, en lugar de ello, arranca ya un proyecto importante para ti y concéntrate en él.

Evita estar cerca de gente negativa que representa una mala influencia. Si no puedes evitarlos, reduce el tiempo que pasas con ellos y por último, bebe mucha agua, una buena hidratación tiene múltiples beneficios y uno de ellos es gozar de mayor rendimiento físico e intelectual.

HACKEA
TU MENTE

¿Alguna vez has deseado reprogramar tu cerebro como lo haría un hacker con una computadora y lograr cosas diferentes para transformar tu vida?

Reprogramar tu cerebro equivale a hackear tu mente. Cambiar la forma en que procesas información, utilizando los mismos datos que ya tienes e incorporando otros nuevos a lo que aquí llamaremos: "tu código fuente", pero de una manera que te permite obtener resultados distintos.

Todo pensamiento o concepto es neutral en principio y sólo adquiere una relevancia cuando lo dotamos de significado. Por ejemplo, piensa en alguien que viene manejando su auto y de pronto un tipo se le cierra y casi lo hace chocar... Quizás el conductor reacciona poniéndose furioso y tocando el claxon al tipo, gritando por la ventana una letanía de improperios.

Pero tal vez otra persona en el coche de al lado, un simple testigo, piensa algo como: "Aquél tipo que se le cerró al conductor debe tener una urgencia de vida o muerte y por eso va conduciendo tan erráticamente".

Entonces, cada una de estas 2 personas, el conductor enojado y el testigo, le dieron un significado distinto al mismo hecho. El incidente por sí mismo no significa nada, pero la mente es una máquina que le da significado a todo y la razón por la que lo hace es para clasificar el dato entre: bueno, malo y neutral, para luego archivarlo... integrarlo al código fuente.

¿En qué te basas para catalogar algo entre "bueno", "malo" y "neutral"? Pues en tus creencia previas, en los programas que ya están allí en tu cerebro. Así es como le das significado a cada situación que se te presenta.

Y una vez que esa información queda archivada y pasa a formar parte de tu "código fuente", tu mente buscará la manera de validarla, y cuándo lo haga, formará parte de tus creencias.

¿Por qué la mente busca validar los datos que posee? Porque el pasatiempo favorito de tu mente es estar en lo cierto, tener razón.

¿Alguna vez has visto a alguien queriendo demostrar que está equivocado?

No, todos tratamos de demostrar que tenemos razón, por lo que nuestra mente busca la manera de validar que nuestros pensamientos son correctos. Has adquirido tus programas desde la infancia y estos son responsables de filtrar todo lo que se cruza por tu camino. Eventualmente te olvidas de que llevas contigo tus filtros y todo lo que ves a través de ellos te parece normal, aún cuando seas la única persona que ve las cosas de esa manera.

Ahora, puedes aferrarte a esas formas de pensar y según tú "tener la razón" (aun cuando tus viejas fórmulas no siempre te funcionen) o bien, puedes aprender a reprogramar tu código fuente, reinterpretar el significado de las cosas (aceptando que no siempre tienes la razón) y obtener los resultados que buscas. En otras palabras, puedes hackear tu mente.

A partir de las ideas anteriores no es difícil deducir que la mejor manera de vivir, es dotando de contenido positivo las ideas y conceptos que forman nuestro "código fuente" y motivan nuestras acciones.

Al igual que con el ejemplo del conductor, en dónde puede haber más de una interpretación de un mismo hecho, así también tú puedes dotar de significados distintos las cosas que te suceden, lo que puede contribuir a mejorar tus resultados.

Por ejemplo, pensar que tu vida está colmada de abundancia y no de escasez, puede contribuir para tener una vida plena y feliz. Tienes la elección de darle a tu vida el sentido que quieras y pensar que vives en abundancia o en escasez, ¿pero qué idea te parece la más adecuada para acercarte a tus metas?

La respuesta es obvia: pensar que tu vida está llena de abundancia.

Y aquí la pregunta es: ¿piensas que es posible darle la vuelta a la adversidad para convertirla en oportunidad? Tú tienes el poder de elegir la respuesta. Si tu respuesta es "sí", entonces no sólo pienses que es posible ¡piensa que eres capaz de lograrlo! y toma participación activa en ello.

Dotar de contenido positivo las ideas y situaciones de tu vida, equivale a reprogramar tu código fuente y adoptar creencias empoderantes que te acercan a tus objetivos.

Antes de pasar a las estrategias específicas de Hackeo Mental, veamos cómo se forma tu código fuente, que es la información en la que basas tus decisiones.

Los seres humanos somos un código vivo y adquirimos información de tres maneras:

1. La primera se llama **programación verbal** y se refiere a las cosas que escuchaste desde muy joven

2. La segunda se llama **imitación** y son las cosas que viste y copiaste.

3. Y la tercera la constituyen **experiencias de vida** que te dejaron marcado de alguna u otra forma.

A partir de estos tres canales vamos desarrollando nuestro código fuente, o lo que es lo mismo: nuestras creencias.

Lo más importante que hay que recordar es que esta programación (o información) y la personalidad que creaste a partir de ella, no es el verdadero "tú". No es quién eres. Es sólo una especie de grabación de datos que aprendiste desde niño, almacenados ahora en una cinta que se reproduce inconscientemente, de forma automática y habitual y que no es otra cosa que la vocecita que escuchas en tu cabeza.

Todo lo que estás escuchando es la grabación que fuiste almacenando y de tanto escucharla, te lo creíste. Lo convertiste en tu historia. E incluso llegas a pensar que esa vocecita es tu intuición y que te habla desde lo más profundo de "tu ser", pero no es así. La mente es tan audaz que te hace pensar hasta eso, porque sabe que ese recurso funciona muy bien para controlarte: "Mi intuición me dice que no debo hacerlo." Ahora bien, la verdadera intuición es muy sabia y soy partidario de usarla para tomar decisiones; sin embargo, en muchas situaciones se trata de la vocecita de tu mente que te dice que es tu intuición, porque sabe que eso funciona en ti.

Entonces, nuestras creencias forman parte de nuestro código fuente y reflejan la personalidad que aprendimos a ser para sobrevivir en el mundo. Pero tú no eres tu personalidad, eso es algo que aprendiste a ser y pudo haber sido diferente. Entonces tú no eres la grabación que escuchas en tu mente, tu eres la grabadora. Tú no eres el programa, eres el *hardware* en el que corre ese programa.

Responde esta pregunta: ¿Crees que tus creencias o lo que es lo mismo, tu código fuente, tienen que ver con tu nivel de éxito?

¡Por supuesto que sí!

La mayoría de las personas no alcanza su máximo potencial porque viven su vida de una manera superficial y solo se fijan en lo que pueden ver, en el mundo visible. Pero jamás se acuerdan de que también existe el mundo de lo que no se ve, el mundo invisible. El código fuente forma parte de éste último.

Te daré un ejemplo de lo que estoy diciendo;

Imagínate un árbol ¿Qué crece en los árboles? Ramas, hojas y frutos. Ahora enfócate en los frutos. En nuestra vida real los frutos vendrían a ser nuestros resultados.

Por lo tanto, echamos un vistazo a nuestros frutos, nuestros resultados de vida, y sucede que no nos gustan. Son demasiado pequeños, no son suficientes, no saben bien, etc.

¿Entonces qué hacemos? Tendemos a enfocar toda nuestra atención en esos frutos, en esos resultados, ¿correcto? Pero hay una cosa de la que nos olvidamos. ¿Qué fue lo que realmente dio lugar a esos frutos en particular? Pues las raíces del árbol, lo que crea esos frutos es lo que hay debajo de la tierra. Los frutos es lo visible y las raíces que dan lugar a ellos lo invisible. La enorme mayoría de las personas sólo creen en lo que pueden ver y en mi experiencia, lo que no puedes ver es más poderoso que lo que sí puedes ver.

¿Estás de acuerdo con eso? Las raíces siempre crean los frutos y más aún, dependiendo de la semilla que siembres serán esas raíces y luego esos frutos. Si quieres obtener manzanas, no siembras una semilla de naranjo, correcto?

Esas son leyes de la naturaleza, y si no comprendes que tu mundo interior determina tu mundo exterior, estás tratando de jugar según tus propias reglas y seguramente estás padeciendo los efectos de ello. Si quieres cambiar los frutos, tienes que cambiar las raíces, y antes la semilla.

No lo olvides: El dinero es un resultado. La salud es un resultado. La enfermedad es un resultado. Tu peso es un resultado. Si quieres cambiar tu mundo exterior, debes empezar por cambiar tu mundo interior y una manera de hacerlo es hackeando tu mente e instalando creencias que soportan tus metas, en lugar de sabotearlas.

MANERAS EFECTIVAS PARA
HACKEAR TU MENTE

1. Cuida la información que dejas entrar a tu cerebro.

Hablamos de las semillas, pequeños agentes de los que surge vida y que son como memorias *flash* cargadas de *software*. Si tiras una semilla en tierra fértil y regresas a ese lugar después de 10 años, encontrarás un árbol enorme, repleto de ramas, hojas y frutos. Dependiendo de la información genética contenida en cada semilla, será el tipo de planta o árbol y en su caso, de flores y frutos que produzca.

Lo mismo sucede con con la información que entra en tu cerebro. La información convertida en creencia es como una semilla invisible que da lugar a tus pensamientos. Tus pensamientos dan lugar a tus acciones y tus acciones a tus resultados. Tu mundo invisible determina tu mundo visible. Esta es la razón por la que debes cuidar qué tipo de *software* dejas entrar a tu cerebro.

Si quieres producir cierto tipo de frutos, asegúrate de sembrar en tierra fértil las semillas adecuadas.

2. Selecciona de manera proactiva tus creencias

Para tener una mentalidad que favorezca a tus objetivos, es importante seleccionar cuidadosamente las ideas y conceptos en los que basas tu vida. Desarrolla una mentalidad crítica con la cual contrastar puntos de vista y normar tu propio criterio. Esto te permitirá sustituir tus pensamientos limitantes, por otros que te brinden poder y apoyen tus objetivos.

Operar con base en creencias que elevan tu espíritu, te ayudará a encontrar soluciones simples y elegantes para resolver problemas cotidianos. Pronto será natural enfrentarlos con mayor seguridad y confianza, sabiendo que eres capaz de resolver prácticamente cualquier situación.

3. Olvídate de encontrar la mejor manera de hackear tu mente

Hablar de "como hackear la mente de la mejor manera", es como hablar de la forma correcta para escribir una novela, educar a un hijo o tocar una pieza de jazz. Hay mil maneras de hacerlo y todas pueden ser correctas. Conforme vayas avanzando en la práctica de reprogramar tu cerebro y moldear tus creencias para ajustarlas a tus metas de vida, irás desarrollando tu propio estilo de Hackear tu Mente.

4. Empieza por identificar los pensamientos que quieres cambiar

Si no te es posible identificar los pensamientos que quieres cambiar, pásate a revisar los resultados a que dieron lugar esos pensamientos, es decir, fija tu atención en aquello que te tiene inconforme, en eso que sí puedes ver, con lo que NO estás satisfecho.

Esos resultados son más fáciles de identificar y te pueden dar una pista de cuáles son los pensamientos que te hicieron llegar a ellos. De esta manera puedes reconocer los pensamientos que necesitas decodificar.

5. Visualiza en la imaginación lo que quieres lograr

¿No es verdad que cuando creas en tu mente la imagen exacta de lo que quieres lograr, sientes en el cuerpo una descarga de energía positiva que te mueve a la acción?

Cuando piensas en algo que te apasiona, te cargas de energía y sientes de repente una urgencia que te motiva a poner manos a la obra. Entonces, utiliza esta técnica para hackear tu mente. No olvides definir los pasos exactos para lograrlo. Los resultados no se darán como por arte de magia, así que toma acción decidida hasta que veas tu vida cambiar. Hackear tu mente es utilizar tu imaginación para transformarte.

ESTRATEGIA 1

TOMA ACCIÓN

A PESAR DE

SENTIR MIEDO

L as ideas cobran vida. Un día te levantas con una buena idea en mente y tiempo después, esa misma idea ha cobrado dimensión en el mundo real. Cuando una idea pasa del plano mental al plano físico, eso se conoce como el proceso de manifestación.

Cada vez que establecemos una intención, queremos que se cumpla en el menor tiempo posible. Dependiendo del tamaño de la meta, la cantidad y frecuencia de acción que tomes para lograrla y de tu mentalidad, será el tiempo en que logres convertirla en realidad.

Hay personas que dominan muy bien el proceso de manifestación y son capaces de dar vida a sus ideas de una manera casi natural. Poseen además un carácter optimista que les permite aprovechar increíbles oportunidades. Si quieres tener una vida llena de satisfacciones por lograr lo que quieres, es importante que te conviertas en maestro de la manifestación de ideas, y para ello debes ser capaz de tomar acción a pesar de sentir miedo, puesto que la emoción del miedo puede dejarte paralizado y es lo que menos necesitas en tiempos de crisis.

El proceso de manifestación comienza en tu mente

Todo lo que hacemos está precedido por un pensamiento. Tus pensamientos dan lugar a tus sentimientos, tus sentimientos dan lugar a tus acciones y tus acciones dan lugar a tus resultados.

Como ya vimos, tu mente puede producir pensamientos creativos que encienden tu motivación y te mueven a la acción para construir cosas buenas. Pero también puede generar pensamientos destructivos que te producen ansiedad, dolor y estancamiento.

Veamos cómo funciona el cerebro. Una de las partes del cerebro es la médula espinal, también conocida como "cerebro reptiliano". La función principal de esta parte del cerebro es asegurar nuestra supervivencia. Es una función tan primitiva que se cataloga como un instinto, y solo sabe reaccionar enfrentando el reto y peleando o evitándolo y corriendo.

¿Y quieres saber cuál es el trabajo del cerebro reptiliano, aparte de asegurar nuestra supervivencia?

Su trabajo es también separar el flujo de información que nos llega y dirigirlo al resto del cerebro.

En resumen, es un filtro de todo lo que proviene del mundo exterior. Un director de información que basa sus acciones en garantizar tu supervivencia y por lo tanto, se apoya todo el tiempo en tus miedos, según él, para protegerte.

¿Te interesa descubrir la razón de porqué sientes ansiedad y miedo durante el día?, ¿porqué tienes la sensación de que algo malo está pasando o puede llegar a pasar? Porque tu cerebro reptil está tratando de protegerte y la manera de hacerlo es evitando que te muevas, apelando a tus miedos.

En tiempos de crisis no es difícil preguntamos cosas cómo: ¿y cuándo volverá el mundo a girar y tener algún grado de estabilidad?, ¿perderé mi empleo? ¿quebrará mi negocio? ¿podré encontrar una nueva fuente de ingresos? ¿me enfermaré? ¿afectará esto a mis seres queridos?

Y nos pasamos el tiempo sintiendo un miedo, tras otro miedo, tras otro miedo. Por eso es importante que sepas que estos sentimientos se dan, porque tu cerebro reptiliano cree que hace mejor su trabajo buscando problemas y peligros donde realmente no los hay y se la pasa previniéndote para que "estés a salvo".

Entonces, sucede que por un lado sentimos que queremos hacer algo y por el otro, nos surge un sentimiento contrario que nos dice que mejor no lo hagamos, y eso se conoce como tensión o fricción mental.

Piensa en cuando estiras una liga, una mano jala un extremo de la liga hacia la izquierda y la otra el otro extremo hacia la derecha... y tu eres la liga. Eso equivale a conducir con un pie apretando el acelerador y el otro pisando el freno, al mismo tiempo.

Esa tensión se identifica con el miedo. ¿Alguna vez has sentido que vives tu vida así?

Tu mente es muy hábil y te dirá cualquier cosa, creará cualquier historia y hará lo que tenga que hacer para sacarte de juego, cuando no siente que tiene control total sobre una situación.

Anteriormente, vimos algunas de las frases favoritas de la mente cuando está bajo presión y quiere crear tensión, aquí te presento otras muy comunes: "No puedo hacer eso, es demasiado difícil", "Mañana lo hago", "No tengo nada que probar a nadie" "Estoy demasiado cansado", "No estoy hecho para esto", "Elijo no hacerlo" y mil cosas más.

Pero atención: No sentirías esa ansiedad si tuvieras claro hacia dónde dirigirte, ¿no es cierto? Por ejemplo: si dices con total certeza: "quiero ir hacia allá" pues vas hacia allá y listo.

¿Lo ves? no hay miedo porque no hay conflicto interno, no hay una parte de ti que te diga "no, no te muevas, es mejor quedarnos aquí". ¿Me explico? Sólo cuando hay esa oposición, esa tensión interna, es cuando se produce lo que llamamos "miedo".

Y dado que el miedo juega un papel crucial en nuestras vidas, echemos un vistazo más de cerca a esta emoción. La definición de miedo, ¿sabes cuál es? miedo significa anticipación del dolor.

Y si hablamos de una "anticipación de dolor", entonces en dónde se ubica temporalmente ese dolor; ¿en el pasado, presente o futuro? Pues en el futuro. Si estás anticipando el dolor desde tu tiempo presente, es porque el dolor se ubica en el futuro

Pero el futuro ¿es una realidad o un producto de tu imaginación? ¿Lo puedes realmente ver? ¿Puedes tocar el futuro? Pues no! Claro que no. El futuro es imaginario. No es real. Existe sólo en nuestra mente.

Entonces, el miedo es un sentimiento que te produce tensión y deriva de un instinto de supervivencia. Además, miedo es la anticipación de un peligro que se ubica en el futuro y el futuro es algo imaginario, por lo tanto, el miedo en el momento presente simplemente no existe, solo está en tu mente.

VUELVE AL PRESENTE

Si estás sintiendo miedo o algo te preocupa, cierra los ojos y respira profundamente. Una manera de desactivar el estrés es a través de ejercicios de respiración.

Respira hondo a través de la nariz, y exhala lentamente a través de la boca. Hazlo varias veces y veras como cambia tu estado de ánimo, empiezas a conectar con tu "yo superior" y dejas de escuchar a tu "mente condicionada".

Concéntrate en eso que te está causando miedo y reconócelo. No trates de negarlo ni de pretender que no está ahí. Y así, ubicate en el momento presente. Date cuenta de que en el momento presente todo está bien. Y luego, repítete a ti mismo en voz baja esa misma frase varias veces: "todo está bien…" Al cabo de unos momentos, notarás como el miedo va desapareciendo lentamente, hasta desvanecerse por completo.

Las "amenazas" que nos atormentan casi nunca suceden y si acaso se materializan, debes tener la confianza que podrás resolver el problema cuándo se presente. Hay un dicho muy famoso de Mark Twain que dice: " He pasado toda mi vida tratando de resolver problemas, la mayoría de los cuales nunca existieron".

No pierdas tiempo valioso preocupándote por algo que quizás nunca suceda.

¿Cuándo sí existe el miedo? Por ejemplo, cuándo vienes caminando por el bosque, se te aparece un oso y sales a toda velocidad… O cuando estás nadando en el mar, ves una aleta acercarse y empiezas a escuchar la musiquita de la película "Tiburón".

En cualquiera de estas dos circunstancias, el miedo es real y lo que tienes que hacer es salir de ahí inmediatamente. En ese sentido el miedo es un instinto de supervivencia muy útil, y hay que hacerle caso sin pensarlo dos veces.

Fuera de esas situaciones de peligro inminente, debes poner mucha atención antes de catalogar algo como miedo, para evitar que te atrape y te paralice.

En conclusión: aprende a distinguir tus pensamientos e identificar emociones negativas que te producen fricción mental o lo que es lo mismo, miedo. Si estás experimentando una tensión interna que te está paralizando, aplica la técnica de volver al presente, retoma el control de tus decisiones y aprende a tomar acción a pesar de sentir miedo.

MANERAS EFECTIVAS PARA TOMAR ACCIÓN A PESAR DE SENTIR MIEDO

1. Cambia tu "temor al fracaso" por un "deseo de triunfar"

En la vida no hay fracasos, solo hay resultados. Sin embargo, la mayoría de las personas temen no obtener el resultado esperado y cuando eso sucede, lo consideran un tropiezo muy grave. Lo importante es aprender de la experiencia y volver a la carga hasta lograrlo. Cambia tu "temor a fracasar" por un "deseo de triunfar".

A las personas con una alta motivación para triunfar, no les preocupa la posibilidad de fracasar. Tienden a sentirse estimulados por situaciones que entrañan un cierto grado de riesgo y van por sus metas decididos a conquistarlas. En cambio, los que tienen miedo de fracasar, temen la humillación pública y por lo tanto, tratan de evitar a toda costa hasta el mínimo riesgo de un potencial fracaso. La clave de esta estrategia, radica en producir pensamientos creativos que encienden tu motivación.

2. Enfócate en "cómo lograrás tus metas" y no en "por qué no puedes lograrlas"

Cuesta lo mismo imaginar las amenazas que entraña una situación determinada, que los pasos concretos que debes dar para conquistar una meta. Resetéarte también significa adquirir nuevos hábitos con los cuales transformar tu cerebro, y uno de ellos consiste en estar atento a tus pensamientos, emociones y comportamientos. Si lo haces, controlarás la dirección de tu enfoque a voluntad y podrás tomar las acciones que necesitas para mejorar tus resultados.

Piensa en un minero que se encuentra dentro de una mina. Tiene una lámpara en su casco y la luz que emite la dirige hacia la pared donde sólo hay tierra y piedra. ¿Qué es lo único que podrá ver en la obscuridad? Obviamente tierra y piedra.

¿Pero qué pasa si ahí mismo dentro de la mina, da un giro de 180 grados y empieza a dirigir la luz de su casco hacia la pared donde se encuentran las pepitas de oro? ¿qué es lo que ahora verá en la obscuridad? Pues podrá ver el metal precioso, el oro que está buscando. Entonces, la clave está en cambiar tu percepción, para ser capaz de distinguir las oportunidades, en lugar de enfocarte sólo en los obstáculos.

3. Convierte tu miedo en un catalizador para tu éxito

Cuándo estoy experimentando miedo por cualquier problema o riesgo, pienso en la responsabilidad de padre que tengo para con mi familia, y en ese preciso momento mi miedo se convierte en energía para salir adelante. En lugar de ahogarte en las emociones negativas, pensando en todo lo que te preocupa y que puede salir mal, mejor piensa en las consecuencias que tendrías si te mantienes en la inacción. Esa es una manera de convertir tu miedo en combustible para salir y avanzar.

4. Cuida tu vocabulario

Algunas palabras y frases que nos decimos a nosotros mismos en el pensamiento, juegan un papel muy importante en cómo nos sentimos. Cuida tus palabras. Una sola palabra puede cambiar instantáneamente cómo te sientes. Date palabras de aliento, anímate a seguir avanzando, date incluso una palmadita en la espalda.

Siempre que dices: "esto me hace enojar", "estoy que me lleva el tren", "esa persona me dio una puñalada por la espalda", "si no me contrata tal cliente ¡me muero!" y cosas por el estilo, puedes tener la seguridad de que vas a sentirte mal.

Las palabras que conectas con tu experiencia en un momento determinado, se convierten en tu experiencia. Entonces, nuestras palabras también crean significados que dan lugar a emociones.

¿Recuerdas qué paso sigue en el proceso de manifestación, después de las emociones? ¡Claro! siguen nuestras acciones, y a partir de éstas obtenemos nuestros resultados en la vida.

Las palabras también pueden inspirar a las personas. Échate porras. Los vocablos que más influyen en ti no son los externos, sino los que te dices a ti mismo en diálogos mentales internos. Cuida tu vocabulario.

5. Cambia tu postura

Cuando algo te sucede, lo primero que en realidad te afecta es cómo te sientes en ese preciso momento. Si estás bajo mucho estrés y tu cuerpo lo está reflejando a través de una postura de decaimiento, vas a interpretar las cosas de una manera muy distinta. Por lo que es de vital importancia que aprendas a cambiar tu estado de ánimo, a través de cambiar tu estado físico, es decir, cambiando tu postura.

En otras palabras, no basta con que te repitas una docena de veces en la mente, que estás feliz y en control total de la situación. Tarde o temprano tu cerebro va a decir algo cómo: "Ajá, esto es una gran mentira, ni estoy feliz ni tengo el control de nada".

Pero si cambias tu postura física de una manera radical, cambiarás la forma en que te sientes. Por ejemplo, mantén el cuerpo erguido y los hombros echados para atrás. Yergue la frente, respira hondo y expande el torso varias veces, esboza una leve sonrisa y observa cómo tu estado de ánimo cambia de inmediato. Investigaciones han demostrado que existe una conexión directa entre una buena postura y lograr lo que quieres, y una mala y estar abatido.

ESTRATEGIA 2
TEN VALOR Y VISIÓN

Tú no eres tu mente. Cierra los ojos, piensa en tu propia mente por un momento y pon atención en lo que estás pensando. Sitúate en la perspectiva de un observador. Piensa en ti como un espectador sentado en la butaca y en tus pensamientos como si fueran la película en pantalla que estás viendo.

El hecho de que puedas observar tu mente y pensar en ella, muestra que por un lado hay una "mente" (que no se identifica con tu ser) y por el otro, un "observador" de esa mente, es decir tú.

En otras palabras, puedes separar tu mente de ti y analizar tus pensamientos como un observador. Al disociarte por un momento de la mente y dirigir tus pensamientos, estás ejerciendo tu poder de elegir qué hacer, en lugar de vivir mecánicamente, como si tus pensamientos fueran algo que te sucede en automático, sin ningún control real sobre ellos.

Sólo cuando te sitúas en la perspectiva de un espectador, es posible vivir desde tu conciencia superior, con verdadero poder de elegir tu destino. Así, en lugar de basar tus acciones en pensamientos condicionados que derivan del miedo y la duda, puedes elegir lo que piensas, domar tu miedo y tomar acción.

Cuando escuches a tu mente condicionada (la vocecita interna que busca alertarte de posibles "riesgos"), préstale atención por un momento, no la ignores, déjala que termine de hablar; si trata de detenerte para que no hagas lo que quieres hacer, simplemente dile: "gracias por tu interés" y sigue adelante.

¿Qué pasa cuando tratas de ignorar la vocecita de tu mente? Pues lo mismo que sucede cuando ignoras a un niño de 5 años que te pide que lo escuches y no le haces caso:

Sigue insistiendo con más fuerza cada vez hasta que logra captar tu atención. Y si en ese momento lo atiendes y le respondes algo como: "si, me queda claro, al rato lo vemos" el niño se tranquiliza y lo más probable es que se olvide del asunto.

Entonces, escucha lo que tu mente condicionada tiene que decirte, dale las gracias por su interés en tus asuntos, pero no le hagas caso y sigue adelante con tus planes.

TEN VALOR

Cuando una persona actúa con decisión y firmeza a pesar de sentir miedo, se dice que tiene valor y la filosofía del guerrero se basa precisamente en la virtud de la valentía. Por eso el verdadero guerrero sabe tomar acción a pesar de sentir miedo.

¿Te das cuenta de que sólo puedes experimentar valor cuando estás frente a ese sentimiento?

No puedes desplegar tu valentía si no hay miedo de por medio. Por eso es tan importante desarrollar este atributo, porque el miedo, la duda y la preocupación, son algunos de nuestros mayores obstáculos para el éxito y la felicidad, pero teniendo valor somos capaces de superarlos.

El arquetipo del guerrero siempre me ha llamado la atención para hacer analogías de la vida cotidiana, ya que implica coraje, valentía y otras virtudes que puede poseer una persona para llevar adelante una acción, a pesar de los obstáculos que se le presentan. Todos utilizamos el arquetipo del guerrero en muchas circunstancias de vida, ya sea a propósito o de manera inconsciente, ya que está muy presente en nuestra cultura, aunque no siempre bien entendido.

¿Cómo se define un guerrero? Guerrero es aquél que se conquista a sí mismo ¿Y cómo puedo conquistarme a mí mismo? Te conquistas a ti mismo cuando dejas de vivir con base en tu "mente condicionada" y empiezas a hacerlo a partir de tu "yo superior". Por eso es tan importante vivir tu vida desde esa conciencia, que como ya dije arriba, te brinda poder de elegir tus acciones y en última instancia, moldear tu destino.

Cuando tienes una mentalidad guerrera, vives con base en pensamientos empoderantes que determinan tus emociones (o "emovere", que significa "moverse hacia") y estas a su vez determinan tus acciones y resultados.

VIVE CON VISIÓN

La mentalidad guerrera va más allá y trabaja con un sistema diferente, ya que sabe que los pensamientos son como el viento y cambian todo el tiempo, por lo que no se confía de ellos.

En lugar de que sus pensamientos conduzcan a sus sentimientos, y estos a su vez a sus acciones y resultados, el guerrero vive su vida con base en su visión, en aquello que quiere lograr y su compromiso por conseguirlo. ¡Eso es todo!

Siguiendo el arquetipo del guerrero, tus pensamientos y sentimientos pasan a un segundo plano, siguen siendo importantes sin lugar a dudas, pero vives tu vida con base en tu visión y tu compromiso total por llevarla a cabo. En el momento en que defines tu visión y te comprometes con ella, todo se empieza a alinear y se manifiestan oportunidades que puedes utilizar en tu favor.

Algo muy importante de este arquetipo es que hace las cosas sin buscar la aprobación de nadie. La única forma de aprobación con la que se conforma un guerrero, es la de estar bien consigo mismo sin afectar a nadie. El guerrero tampoco le hace caso a su voz interior, basa sus acciones en su visión y no se detiene a pesar de los obstáculos. Entonces, si quieres ser capaz de tomar acción a pesar de sentir miedo, es importante adoptar una mentalidad guerrera. Ahora, quiero que sepas algo: un guerrero no siempre puede elegir sus batallas, pero tampoco sale corriendo cuando tiene que pelear. Si lo hace y no enfrenta la adversidad *tomando al toro por los cuernos*, sabe que el problema lo perseguirá y seguirá apareciendo de nuevo una y otra vez, hasta que lo enfrente y supere.

MANERAS EFECTIVAS PARA
TENER VALOR Y VISIÓN

1. Doma la cobra del miedo

Un verdadero guerrero puede domar la cobra del miedo. Y aquí la palabra clave es "domar". No dice "mata" a la cobra, tampoco dice que "huye" de la cobra del miedo, ni se deshace de ella. Sólo tienes que domar la cobra. Por lo que no es necesario librarse del miedo para tener éxito. El miedo es parte del juego y debes aprender a sentirlo, reconocerlo, domarlo y actuar a pesar de él.

2. Nunca te rindas en el juego de la vida

La vida es el mejor juego que existe. ¿Por qué? Porque está totalmente a nuestro favor. ¿Quién es el jugador? Tú ¿Quién es el árbitro? Tú ¿Quién es el rival a vencer? Tú ¿Quién marca los tiempos del juego? Tú. ¿Quien pone y quita las reglas? Tú.

El juego de la vida es un juego contra ti mismo y la única manera de perder es escuchando tu voz interna que por protegerte, te dice que te rindas. Nunca te rindas y continúa en el juego. De esta manera no hay forma de perder, pero sí de salir vencedor.

3. Juega al 100%

Si quieres tener éxito, incluso en la adversidad, debes jugar el juego dando el 100%. Entra al campo de batalla totalmente concentrado, enfocado en una sola cosa: ¡Ganar! Comúnmente sucede que la gente da un pequeño porcentaje durante "la batalla", otro pequeño porcentaje cuando está en el "campo de entrenamiento", y otro porcentaje aún más pequeño, cuando aprende nuevas "técnicas de combate". Cuando les toca descansar, descansan a un porcentaje mediocre. El verdadero guerrero juega al 100% en todo momento: disfruta el tiempo con su familia al 100%, trabaja al 100%, se divierte al 100% y descansa como todo un profesional, también al 100%. Por cierto que esta es la clave de vivir con equilibrio.

4. Comprométete

¿Qué significa esto? Cuando te comprometes, cuando estás completamente ahí en cuerpo y alma, dispuesto a hacer lo que sea necesario para conseguir lo que quieres, con la determinación de lograrlo "cueste lo que cueste", muy a menudo no tienes que hacer un esfuerzo gigantesco, primero, porque todo fluye de manera natural cuando hay una misión que cumplir y un compromiso por realizarla y segundo, porque el universo fluye a tu favor y pone a tu alrededor lo que necesitas para salir adelante. Otra manera de decirlo: "Ayúdate que yo te ayudaré"

5. Crece por encima de tus obstáculos

La vida es un reto que se repite constantemente y va a haber un ganador y un perdedor cada vez. Ya sea que el obstáculo sea más fuerte que tú, o tú crezcas más cada vez y te eleves por encima de él. Cualquier cosa que no puedas superar, significa que en ese momento es más grande que tú. El secreto radica en crecer a través del conocimiento y la experiencia, y llegar a ser más grande que tus obstáculos. Esto se resume en una sóla frase: **"Aprende a triunfar".**

ESTRATEGIA 3
CAMBIA TUS *INPUTS* Y OBTÉN NUEVOS *OUTPUTS*

Seguramente has visto en más de una película como hackean un sistema de seguridad. Por lo general es un personaje muy inteligente, cuyos dedos se deslizan sobre el teclado a una velocidad descomunal. Después de unos segundos de intentar romper la brecha de seguridad, comúnmente se escucha un *"click"* u otro sonido similar, para indicar que ha tenido éxito: hackeó el sistema.

Entonces, ¿existe una manera similar para ingresar a nuestro "código fuente" y hackearlo? ¿Podemos salir a voluntad de la zona del miedo e ingresar a la zona del aprendizaje y crecimiento? La respuesta es "sí". Sí es posible.

Nuestros hábitos representan los *"inputs"* que ingresan a nuestro "cerebro" e influyen en nosotros de diversas maneras, principalmente en nuestras conductas. Por lo tanto, los resultados o *"outputs"* que obtenemos, dependen de las conductas que realizamos día a día, ya sea de manera consciente o inconsciente. Esto quiere decir que si modificas un hábito o *"input,"* puedes generar cambios en el sistema y obtener nuevos resultados o *"outputs"*.

En este capítulo te voy a compartir algunos métodos o *hacks* mentales que te pueden ayudar a cambiar tus hábitos, mejorar tus resultados y elegir qué hacer para lograr lo que quieres, en lugar de operar en modo "automático."

LA REPETICIÓN

La repetición puede tomar muchas formas y no es otra cosa que un recordatorio.

Una manera de llevar a cabo ésta técnica es pegando un *post-it* en el monitor de tu computadora, el espejo del baño, el refrigerador o cualquier otro lugar visible que tú decidas.

La forma de repetición que yo utilizo es introduciendo una pequeña nota entre los billetes de mi cartera. Se trata de un pedazo de papel alargado y angosto, con el mensaje que quiero anclar en mi mente, escrito de mi puño y letra. Ese papel sale a relucir a cada rato, cuando tomo mi cartera para pagar por algo, frecuentemente termina en mis manos y me sirve de recordatorio.

La palabra **recordar** significa: "traer a la mente", "tener presente una cosa". Y cuando tienes algo presente es por que te estás enfocando en eso. Hay un dicho que dice "aquello en lo que te enfocas se expande" y es verdad. Piensa en una lupa: Si te enfocas en algo con esa lupa, ese algo se magnifica. Y si al objeto de tu enfoque le sumas intención (voluntad de hacerlo) y acción decidida (poner manos a la obra), tarde o temprano será una realidad.

MANTÉN LA SECUENCIA

Una manera de adquirir un nuevo hábito para lograr algo que quieres, es manteniendo la secuencia ¿Qué significa esto?

Por ejemplo, hacer ejercicio de manera regular es algo que cuesta trabajo a muchas personas, pero si se hace diariamente con el compromiso de *mantener la secuencia,* durante el mayor tiempo posible, hacer ejercicio se volverá algo natural y pronto se convertirá en un hábito.

Aquí el hack consiste en convertir un reto que al principio te resulta incómodo, en un juego personal: cuánto más días te mantienes sin romper la secuencia, *"más puntos acumulas".*

Esta técnica de hackeo puede parecer absurda para muchos, pero lo importante es que funciona. Si me preguntas, yo prefiero pasar por alto la idea de que es absurda y en lugar de limitarme, aceptar el reto de no romper la secuencia, competir contra mi mismo y lo más importante, ver incrementarse mis resultados.

SIMULACIÓN

Una simulación mental es simplemente imaginar cómo se desarrollará tal o cual situación y es algo que hacemos todo el tiempo. Nos imaginamos cómo fluirá una conversación; qué vas a comprar cuándo llegues al supermercado y en qué orden; cuánto dinero podrás juntar y de qué manera para realizar ese plan en la fecha prevista, etc.

La "simulación" es diferente a la "imaginación", en el sentido de que ésta última nos ayuda a visualizar el objetivo final, mientras que la primera nos muestra los pasos exactos de cómo llegaremos allí.

Cuándo las personas se imaginan un escenario futuro y luego se les pide que califiquen la probabilidad de que lo imaginado se materialice, aquellos que pasan más tiempo haciendo simulaciones en su mente, creen que es más probable que suceda en la realidad y por lo tanto, es más factible que se decidan a ir por ello.

En otras palabras, si tu crees que es posible, ya no hay nada que pueda detenerte y es más factible que te apresures a dar el primer paso para lograr lo que buscas.

Por último, la simulación funciona mejor cuando eres más detallista.

Visualiza todos los detalles de ese viaje que sueñas hacer: la compra de tu boleto, la reserva del hospedaje, cada lugar que visitarás, los platillos que podrás probar, etc.

Si haces un ejercicio de simulación como éste, tu motivación para hacerlo será mayor y decidirás más fácilmente hacer todo lo que esté en ti para convertirlo en realidad.

¿Tu viaje se desarrollará exactamente de acuerdo con tu simulación? Obviamente que no. Pero estarás mejor equipado para enfrentar lo impredecible y vivir la experiencia a plenitud.

OBSÉRVATE A TI MISMO EN 3RA. PERSONA

Imagínate en tercera persona. Cuando me estoy preparando para dar una plática, no me veo a través de mis propios ojos mirando a la audiencia, sino que pienso que estoy en una butaca siendo parte de la audiencia, viéndome cómo otros me verían. Me escucho y me percibo como me gustaría que otros me escucharan y percibieran. En otras palabras, en lugar de imaginarte a ti mismo en primera persona, es más efectivo hacerlo como los demás te verían, como si se tratara de una película en la que tú tienes el papel protagónico.

Este tipo de simulación mental en tercera persona, tiene un mayor impacto en tu autopercepción y hace posible ejecutar tu visión en el mundo real de una manera más efectiva.

ATENTE A LAS CONSECUENCIAS

Este método de hackeo es muy efectivo y sirve para vencer la flojera de hacer cosas aparentemente poco importantes, pero que de no llevarse a cabo, te pueden causar problemas mayores.

Por ejemplo, recuerdo que hace años me daba mucha flojera poner candado y alarma a mi auto, para protegerlo de las bandas criminales que se dedicaban al robo de vehículos y que por aquél entonces, empezaron a proliferar en la Ciudad de México.

En aquella época, los autos no traían alarmas de fábrica con control remoto y teníamos que usar mecanismos un poco complicados de activar y desactivar, que te quitaban un par de minutos cada vez que te subías y bajabas del coche.

Para ahorrar tiempo mientras trabajaba, iba y venía a todos lados sin activar los mecanismos de seguridad de mi auto de manera consistente. Un día regresé a mi coche después de visitar a un cliente y me encontré con que le habían dado un cristalazo y me habían robado las cosas de valor que encontraron en su interior, sin que la alarma sonara.

Me quedé atónito en la banqueta. Los asientos quedaron repletos de trozos de vidrio. Ni siquiera podía irme de ahí. Te podrás imaginar que fue un experiencia muy desagradable, algo que jamás olvidaré. Al final de cuentas, terminé perdiendo toda la tarde, realizando el engorroso trámite de levantar el acta de robo correspondiente, para hacer efectiva mi póliza de seguro.

A partir de ese día, desarrollé esta técnica de hackeo que me ha resultado sumamente útil y que consiste en que cada vez que siento flojera de hacer algo sencillo, pero que de no hacerlo me puede traer un problema mayor, me sitúo mentalmente en un momento imaginario posterior, en el cual ya se dieron las "consecuencias" negativas.

Entonces me veo a mi mismo con mi cara de confusión (como aquél día en la banqueta viendo mi auto siniestrado), con el problema ya en las manos y totalmente arrepentido de no haber tomado la precaución previamente, o no haber hecho lo que tenía que hacer, por ahorrarme unos minutitos.

Finalmente, hago un balance hipotético del costo beneficio de hacer o no hacer esa pequeña labor y ¡oh sorpresa!, la desidia desaparece como por arte de magia y hago lo que tenga que hacer, solo por la motivación de evitar las consecuencias negativas.

Este método jamás me ha fallado. Lo tengo tan ensayado que ya lo llevo a cabo en una fracción de segundo. Y siempre que lo utilizo desaparece mi desidia y hago lo que tengo que hacer en ese preciso momento.

HAZ PÚBLICO TU PROYECTO Y PONLE FECHA

Esta técnica de hackeo es muy sencilla y consiste en hacer público tu proyecto entre tus amigos y conocidos. ¿Piensas lanzar un negocio? Dile a tus amigos no que los estás pensando, sino que ya estás en el proceso de lanzarlo. ¿Quieres bajar de peso?, comprométete contigo mismo y anuncia tu intención a tu círculo más cercano. ¿Estás dudando en inscribirte a un maratón? No lo dudes, registrate sin darle vueltas al asunto, publica tu ficha de registro en tus perfiles de redes sociales y comenta que vas con todo por un triunfo. Siempre que hagas uso de esta técnica, debes poner una fecha cierta en la debes haber logrado tu meta. Si no te gusta quedar como un hablador, éste método de hackeo mental (y el resultado que obtendrás), te va a encantar.

VISUALIZACIÓN INVERSA

Este *hack mental* se basa en aprender a estar satisfecho apreciando las cosas que tienes, en lugar de despreciarlas. Piensa en esas cosas que posees hoy en día y que te parecen insuficientes o insignificantes. Ahora imagina cómo sería tu vida sin ellas. Esto es a lo que yo llamo "visualización inversa."

Te voy a dar un ejemplo: hasta hace un tiempo conducía una camioneta que originalmente había sido de mi esposa, la habíamos tenido durante 18 años y siempre la mantuvimos en excelentes condiciones. Así que ese vehículo terminó siendo mi medio de transporte durante mucho tiempo, aunque alguna vez llegué a despreciarlo.

Un día se averió y mientras la recibían en el taller, fui a ver los nuevos modelos. En ese momento no podía adquirir otro coche sin verme en la necesidad de pedir un crédito, cosa que evito a toda costa. Así que estuve varios días batallando sin auto, yendo de un lado a otro como podía, en una ciudad donde el transporte público es caro y muy deficiente.

Cuando me devolvieron la camioneta ya reparada, la aprecié como nunca antes, al grado que dejé de pensar que me hacía falta cambiar de auto. Practica la visualización inversa y aprecia lo que tienes; imagina cómo sería tu vida sin aquello que hoy no valoras y quisieras cambiar, pero que no tienes los medios para hacerlo ahora mismo.

DESARROLLA UNA PERCEPCIÓN CREATIVA

Una de las formas más efectivas de promover tu acción decidida, es desarrollando una percepción creativa. Déjame explicarte: escribir un libro es una tarea árdua y difícil (al menos para mí lo es). Recuerdo cuando escribí mi segundo libro, desde el primer momento en que tomé la decisión de escribirlo, hasta el día en que escribí la primera línea, transcurrió un año entero. Estaba buscando mil y una excusas para retrasar ese proyecto, ya que a diferencia de lo que sucedió con mi primer libro, en esta ocasión ya sabía que sería un proceso lento y de mucha dedicación. Sin embargo, ya había tomado la decisión de escribirlo y sabía que tarde o temprano tendría que iniciar.

¿Mi solución? Mandé diseñar la portada de aquel libro incluso antes de tener ni una línea escrita. Cuando tuve el diseño en mis manos, me emocionó tanto que sentí una descarga de energía de tal magnitud, que ese simple hecho me motivó para empezar a escribir de inmediato.

Generar una visión concreta de lo que quieres lograr, es una manera muy efectiva de hackear la mente y manipular tu comportamiento para hacer algo que, en otras circunstancias, te costaría mucho trabajo llevar a cabo.

ASÍ ES ESTO

Esta última técnica podría aplicar perfectamente para tiempos difíciles, ya que se trata de concentrar tu atención en el momento presente y mantener una actitud positiva, aún cuando no sea lo que esperabas.

La vida está llena de distracciones. Quizás empiezas tu día con todo perfectamente planeado, pero algo se te atraviesa y te saca de la jugada. A lo mejor tenías planeado ir a hacer ejercicio y terminas cuidando a tus sobrinos en casa de tu hermana.

O quizás te diriges a una cita muy importante, sales con la anticipación suficiente para llegar a tiempo, pero algo se cruza por tu camino y hace que te quedes varado en el tráfico y no llegues a tu cita.

¿Y entonces qué sucede?

Te enojas, te quejas y tienes un día terrible. Pasas todo ese tiempo pensando en lo que preferirías estar haciendo, sueñas despierto y te preocupas por lo que no pudiste concretar.

Algo así puede pasar a muchos que ven sus circunstancias cambiar de repente, dejan planes inconclusos y pierden su empleo o negocio.

Y aquí la pregunta es: Tú ¿cómo enfrentas una nueva realidad?

Cuando tu mente está ocupada con algo distinto a lo que estás viviendo en ese momento, te pierdes lo que sucede a tu alrededor. Las oportunidades valiosas pasan de largo y se desvanecen frente a tus ojos. Mientras esperas que llegue el momento adecuado, el presente se te escapa. Pero hay una manera de hackear la mente, para cambiar este comportamiento. La técnica de Hackeo denominada "así es esto", te ayudará a aprovechar al máximo cada momento, independientemente de si es o no lo que tu esperabas.

Así es esto significa enfocar tu atención en el presente y hacer tu mejor esfuerzo en lo que sea que tengas que hacer, a partir de ese punto para mejorar tu situación y salir adelante. Significa mantener una actitud positiva.

Esta técnica puede marcar una gran diferencia en la forma en que vives tu vida, especialmente en momentos en los que tus planes pudieron haber desaparecido, pero tu futuro no y solo te resta decir con la mejor actitud posible: **así es esto** y seguir construyendo tu porvenir.

ESTRATEGIA 4

ADMINISTRA TUS FINANZAS PERSONALES

Estamos viviendo tiempos sin precedentes en la historia de la humanidad y para muchas personas en todo el mundo, las cosas no pintan bien. No quiero asustarte, pero esa es la verdad.

La gente está sufriendo emocional, física, psicológica y financieramente. Pretender que las finanzas personales se resuelven de manera espontánea no es la mejor manera de enfrentar una situación financieramente adversa. El mundo atraviesa una de las crisis más severas de todos los tiempos. Podríamos estar frente a un colapso financiero global, para el cual no tenemos un modelo que pueda reemplazarlo.

La actual crisis ya ha trastocado muchos aspectos de la vida de los individuos, quizás el que más estamos resintiendo es el de las finanzas personales. Muchas personas están ganando menos dinero, viendo que sus ingresos se agotan o desaparecen por completo. Se han perdido negocios, propiedades e inversiones y la ayuda de los gobiernos jamás es suficiente para contener un problema de esta magnitud. Frenar la economía a lo largo y ancho del planeta, ha tenido consecuencias muy graves y es probable que tu economía, al igual que la mía, se haya visto afectada.

Antes de comenzar, quiero aclarar que al igual que la enorme mayoría de la población mundial, no tengo idea de cómo exactamente, ni por qué, terminamos en esta nueva realidad de una manera tan intempestiva. Me da la impresión de que estamos frente a un ajuste muy severo del sistema financiero mundial, si no que frente al desplome total del mismo. No lo sé...

Las reglas del juego cambiaron radicalmente. De hecho, no sólo cambiaron las reglas del juego, estamos en una cancha totalmente distinta. Nos cambiaron el tablero y estamos viviendo circunstancias totalmente inéditas.

Sin embargo, hay ciertos principios que puedes aplicar y salir beneficiado en tus finanzas personales.

En esta sección me voy centrar en algunos consejos prácticos, que te pueden ayudar a estabilizar tu economía y cubrir tus necesidades con eficiencia. De las nuevas oportunidades de negocio y las habilidades que debes aprender para capitalizarlas, me ocuparé más adelante.

CONSEJOS PARA MANEJAR TUS FINANZAS EN TIEMPOS DE CRISIS

1. Pon en pausa tus planes anteriores

Independientemente de cuáles eran tus planes antes de una crisis, piensa en ellos como si se tratara del itinerario que tenía el Titanic al momento de zarpar.

Aquél era su viaje inaugural y planeaba salir de Southampton, Inglaterra – tocar un puerto francés (Cherburgo) – otro irlandés (Queenstown), y finalmente llegar a Nueva York en los Estados Unidos. Esos eran sus planes.

Pero en la ruta se topó con un Iceberg. Bueno, una crisis puede ser ese iceberg, y al igual que con el Titanic que abandonó la idea de llegar a Nueva York, probablemente para ti también sea el momento de olvidarte de algún plan anterior y enfocarte en salir adelante en medio del temporal.

Si ves reducirse tus ingresos por la razón que sea, reduce también tus gastos y enfócate en cubrir lo esencial e indispensable para ti y tu familia.

Si tu situación es grave, concentrarte en sacar a flote los próximos 30 días de gastos. Si no puedes librar 30 días, concéntrate en una semana.

Responde a la pregunta:

"¿Qué debo hacer para cubrir mis gastos esenciales y atravesar esta crisis?"

Pero atención: no pienses en "¿qué debería de hacer?" o "¿qué podría hacer?" ni mucho menos "¿qué me gustaría hacer?" No. Piensa: "¿Qué debo hacer ahora mismo?" Y cuando tengas la respuesta, hazlo sin perder la calma, con control sobre lo que estás pensando, no con base en tu miedo y escuchando a tu mente condicionada.

Primero logras estar en calma y luego enfocas tu atención en las posibles acciones que debes llevar a cabo. Cuando tengas claridad en cuanto a este respecto, procede a actuar. Si no has leído la estrategia de: "cómo tomar acción a pesar de sentir miedo," este es el momento de hacerlo.

No voy a decirte que no es difícil llevar a cabo lo que aquí te recomiendo, claro que lo es. Si tu negocio apenas subsiste o no logras producir el ingreso que necesitas, quizás lo estés pasando mal. Mi pregunta es: ¿cuánto tiempo piensas permanecer atrapado en esa trampa, ahogándote en sentimientos negativos que no te conducen a resolver el problema de una vez por todas? Respóndete a ti mismo: ¿qué voy a hacer **hoy** para mejorar mi situación?

¿Sabes qué cosa puede llegar a ser mucho más difícil y dolorosa? Pues ni más ni menos que las consecuencias de no tomar acción y renunciar a tus sueños.

Con el advenimiento de la automatización del trabajo y la inteligencia artificial, no sabemos realmente adónde llegará la economía de las naciones y del mundo entero.

Una crisis nunca debe servir para sentirse culpable por errores pasados, ni justificar por qué no se está en una mejor posición para enfrentar el problema. En lugar de ello, aprovecha la transición para resetear tu mente y ve por oportunidades que comúnmente surgen de una disrupción.

2. Tu *EGO* no es tu *AMEGO*

Tu *ego* no es tu *amego*. Tu ego puede ser tu *enemego*. Así es, tu ego no es tu amigo y en cambio, puede ser tu peor enemigo. ¿A qué me refiero con esto?

A que en una situación adversa, quizás te veas en la necesidad de hacer algo nuevo que no sea de tu total agrado, e incluso llegues a pensar que está por debajo de tus estándares. Tu ego te va a decir: "No, yo no puedo hacer esa actividad que está por debajo de «mi nivel»".

Tal vez se te presenta una oportunidad de aceptar un trabajo o entrar a un negocio que no es lo tuyo pero que te genera un ingreso, por lo que no debes dejarte engañar por tu vocecita interna, que quiere mantenerte en tu zona de comodidad.

No le hagas caso a tu ego. Superar la tempestad no está por debajo de los estándares de nadie y un trabajo o actividad comercial que te permita solventar tus gastos y te brinde tranquilidad, puede ser tu mejor amigo.

Incluso, es posible que con esta actitud de no dejarte vencer por las circunstancias, te animes a darle vida a alguna de tus ideas y la conviertas en un nuevo y exitoso negocio.

Visualiza en tu imaginación qué es lo que harás para salir triunfal de esta batalla. Utiliza tu mentalidad guerrera, la cual te indica que el fracaso no es una opción en momentos difíciles y que eres capaz de vencer cualquier obstáculo. Si lo haces, quizás no sólo te hagas con el hábito de superar los infortunios, sino además termines con un ingreso adicional que te permita tener seguridad y tranquilidad.

3. Cuida tu dinero y ahorra

Si quieres fortalecer tus finanzas cuida tu efectivo. La disrupción que estamos viviendo no es un día nublado, económicamente hablando esto es una tormenta y tu flujo de efectivo es como tener una escopeta cargada en temporada de cacería, que te permite disparar y dar en el blanco cuando brinca la oportunidad.

Evita contraer deudas. Si debes dinero y no tienes para pagar, intenta negociar con tus acreedores y extiende tus plazos de pago, pero no los ignores.

En las crisis cualquiera puede caer presas de una situación así. Sin embargo, es imperativo pagar tus créditos para evitar mayores complicaciones.

Si es una persona a las que le debes dinero, piensa en que también depende de obtener su pago para cubrir sus gastos.

Cada día son más las personas que trabajan y estudian desde casa y eso representa ahorros en gasolina, estacionamientos y comidas.

Si tienes la fortuna de ser una de esas personas y quieres fortalecer tus finanzas en menos tiempo, te recomiendo vencer la tentación de adquirir un coche nuevo o cambiar el que ya tienes.

Sigue produciendo dinero sin incrementar tus gastos y ahorra de manera sistemática para que pronto puedas invertir en el negocio de tus sueños.

Una crisis es una oportunidad para transformar tu relación con el dinero y para comprender la importancia que tiene desarrollar el hábito del ahorro y tener una vida tranquila y estable.

Si es posible para ti, cambia tu plan de telefonía celular y ajústate a un nuevo paquete con un costo menor.

Compra ropa nueva sólo si es necesario y usa la que tienes durante su toda su vida útil. Repara lo que te guste y esté en buen estado.

Seguramente tienes prendas en tu closet que nunca usaste. Aprovecha las pausas que a veces conlleva una crisis y haz ejercicio para estrenarla.

Conclusión: ahorra. No creas que un pequeño monto que logras economizar es poca cosa. Piensa en esto: si por el simple hecho de cambiar de compañía de seguro de tu auto, te ahorras $120 dólares al año, es como si te encontrarás en la calle un billete de $10 dólares ¡CADA MES! ¿Acaso dejarías en el suelo ese billete lleno de lodo, con tal de no ensuciarte? No ¿verdad? ¡Lo levantarías y te alegraría el día! Pues eso mismo quiero que pienses cada vez que logres ahorrar, aunque sea $10 dólares en alguno de tus gastos.

Cuando alguien tiene un fondo de emergencia que le permite cubrir 3 a 6 meses de gastos, puede enfrentar cualquier crisis de una manera muy distinta, sin tanto estrés. La idea entonces es que te propongas juntar un fondo de ahorro que te permita cubrir 3 a 6 meses de gastos de vida, este simple factor puede salvarte de vivir bajo presión, por el estrés que provoca no tener ingresos durante una crisis.

4. Maneja tus finanzas con base en un presupuesto

A muchas personas les espanta la idea de hacer un presupuesto, porque imaginan que se trata de un documento complicado que les va a limitar su libertad económica. Sin embargo, en realidad es algo sumamente sencillo, que te brindará más libertad para gastar tus recursos inteligentemente y sin culpas.

Un presupuesto es básicamente un documento en el que registras todos tus ingresos y gastos, en un formato tanto mensual como anual. La idea es hacerlo simple para visualizar tus ingresos y gastos con claridad. Teniendo esto en mente, vas a anotar en tu presupuesto solo las siguientes tres cosas:

1. Tus ingresos por rubro y la suma total de ellos.

2. Tus gastos por rubro y la suma total de ellos.

3. El resultado de ambos a fin de mes, que puede ser un excedente, un saldo negativo o un balance en ceros.

Tienes que ser absolutamente honesto y anotar en qué gastas cada 30 días hasta el último centavo de tus ingresos, especificando el rubro o concepto.

Por ejemplo, anota renta, electricidad, gasolina, mensualidad del auto y todos tus gastos fijos fácilmente identificables. Ahora bien, si gastas 3 dólares en un café, eso debes de anotarlo. Si das un propina a la persona del *valet parking*, eso también debes de anotarlo. Si no lo haces, terminarás con un presupuesto poco confiable.

Una vez que tengas tu presupuesto frente a ti, si tu resultado es una cantidad excedente, significa que vas por muy buen camino. Pero supongamos que tu resultado al final del mes es negativo, es decir, gastas más de lo que ingresas. En ese caso, debes estudiar detenidamente cada uno de tus gastos y reducir aquellos que te sea posible, hasta que logres llevar tu resultado a cero. La idea en un principio es que vivas dentro de tu límite de ingresos.

Juega con tus números, hazte el propósito de reducir uno a uno tus gastos, se trata de balancear tu presupuesto hasta llevarlo a ceros, es decir, gastar lo mismo que ingresas o menos.

Esto no es una tarea de uno o dos meses, ajustar tu presupuesto para que tus ingresos sean iguales a tus egresos, es una labor que puede llevar varias semanas o incluso meses, pero es posible y lo sé por experiencia.

También recuerda: si no está por escrito no es un presupuesto, no importa cuántas veces me digas que te sabes tus números y que lo tienes muy claro en tu mente.

5. Simplifica tu vida

El concepto de "simplificar tu vida" va de la mano con el ahorro, e implica necesitar menos dinero para vivir. Si tu situación económica se ve afectada, te conviene tomar en cuenta estos consejos:

Si viajas mucho y tus viajes no son de trabajo, quizás debas considerar hacerlo con menos frecuencia.

Reduce tus pretensiones materiales y haz a un lado el consumismo. Aprende a distinguir entre lo que necesitas y lo que quieres. Concéntrate en tus necesidades y deja los caprichos para más adelante, esa es la manera más eficiente de simplificar tu vida.

ESTRATEGIA 5

CONOCE EL NUEVO PANORAMA EN LOS NEGOCIOS

L a tendencia de trabajar a distancia sigue en asenso, así como la automatización en el trabajo, por lo que millones de individuos se han visto en la necesidad de reinventar sus negocios y cambiar de ocupación.

Esta tendencia ha impactado todas las industrias. Por ejemplo, el mercado inmobiliario en el segmento de espacios comerciales, donde los negocios han optado por reducir los metros cuadrados que utilizan y por ende, sus gastos de renta.

También muchos negocios entraron en una suerte de receso o pausa prolongada y otros tantos han ido desapareciendo. Cada vez más empleos van siendo reemplazados por robots, como en el caso de vehículos que se manejan solos y máquinas inteligentes de todo tipo que suplen labores que realizaban personas.

Desde hace varios años hemos visto desaparecer operadores de atención a clientes y hoy día, cajeros en tiendas y súper mercados ya están siendo reemplazados por dispositivos tecnológicos con los que el cliente paga escaneando códigos de barra y deslizando su tarjeta.

Otros empleos en riesgo de desaparecer son los de agentes de bienes raíces, que al igual que los agentes de viajes, están siendo reemplazados por portales de internet que muestran las propiedades y locales comerciales de manera virtual y responden preguntas frecuentes con bots automatizados.

En muchos restaurantes de comida rápida es habitual ordenar en una tableta a la entrada del establecimiento y pagar la cuenta a través de aplicaciones móviles, lo que pone en riesgo de desaparecer el puesto de trabajo de meseros y anfitriones.

La revolución en el mundo de los negocios y el trabajo, se está dando gracias a que la inteligencia artificial y el *cloud computing*— mejor conocido como "la nube"— permiten acceder a información recopilada por otras apps y bots.

Ya no se trata de aplicaciones y máquinas independientes con información aislada, sino de una gigantesca base datos a la que todo software y robot tienen acceso a través de la nube, lo que hace que el sistema aprenda constantemente de la experiencia de todos sus componentes.

¿Te imaginas lo que ésta revolución significa para el futuro de empleos y negocios?

Pues significa que las máquinas inteligentes y los algoritmos están superando las capacidades humanas y que todos los negocios y puestos de trabajo, tarde o temprano se verán afectados por este cambio de paradigma, con el que muchos desaparecerán para siempre.

ESTRATEGIAS PARA SEGUIR EN LA JUGADA

Las estrategias para subirte a la ola y no quedar fuera de la jugada no son fáciles de implementar, requieren de tu atención y una buena dosis de esfuerzo para hacerlas realidad. No te desanimes, piensa en que sólo tienes que llevarlas a cabo una vez y mantenerlas actualizadas, pero las ventajas que obtienes gracias a ellas son enormes

Lo importante es comprender que para permanecer en el juego, tienes que operar cambios importantes en tu vida y negocio.

1. Digitaliza todo lo que puedas

Si bien la digitalización está vigente desde hace más de 2 décadas, la transformación de los negocios a lo digital, la automatización y la inteligencia artificial, la han vuelto una necesidad. No basta con tener una simple página web que funciona como un catálogo con información de tu negocio, necesitas por lo menos crear un embudo de ventas, diseñar un recorrido digital que informe a tus clientes acerca de lo que haces y los convierta en compradores.

Las ventas del 80% de los negocios hoy en día inician en Internet. Entonces, no dejes que tus clientes potenciales lleguen a tu página y luego decidan irse a comprarle a alguien más. Diseña un embudo de ventas efectivo, genera tráfico a tu sitio a través de los múltiples canales de publicidad en línea que tienes a tu alcance, automatiza tus procesos y convierte más visitantes en compradores de lo que vendes, pero sin tener que salirte del espacio virtual.

Otra cosa que debes hacer, es dejar de gastar en formatos y documentos impresos. Convierte todo lo que usas en la operación de tu negocio a formato digital. Al menos todo lo que sea posible. Tener tu información digitalizada, te permite llegar a más gente a un menor costo y más rápidamente.

2. Sistematiza tus procesos

Sistematizar los procesos de tu negocio es algo esencial en cualquier momento ya que te hace mucho más eficiente y depender de menos gente. Sistematizar significa tener por escrito todos y cada uno de tus procesos operativos, asignando tiempos y responsables para cada labor. Este es un tema que trato de manera detallada en uno de mis cursos, pero por ahora baste mencionar, que la sistematización de tus procesos es la clave fundamental para eficientar recursos, además de que permite pasar de tener un autoempleo, a un verdadero negocio que no requiera de tu presencia. Otra ventaja de sistematizar procesos, es que encontrarás muchas oportunidades para automatizar y por lo tanto, para hacer más con menos.

3. Virtualiza tus servicios

Mi experiencia como empresario proviene del mundo de la organización y producción de eventos y en esa industria, los proveedores tradicionales han trasladado sus servicios al espacio virtual, ofreciendo los denominados "eventos híbridos", que combinan una parte presencial de la reunión, con otra virtual en internet, habiendo también eventos 100% digitales, donde no hay un encuentro físico entre los participantes. De esta manera están cambiando su modelo de negocio y subiéndose a la ola de la transformación.

No pienses que tu negocio no se puede virtualizar, seguro habrá algún componente que sí lo permita. A lo mejor no es posible virtualizar la manera de consumir el producto o servicio que ofreces, pero sí la presentación de los mismos, la explicación de cómo trabajas, los instructivos de cómo usarlos, etc.

Mis cursos, seminarios y conferencias ahora también son a distancia, entregando el mismo contenido pero en formato digital.

4. Re-energiza tu negocio

Abre bien los ojos y encuentra maneras creativas de dar valor adicional a tus clientes. Ofréceles algo innovador acorde a esta época de cambios.

Empieza por preguntarles qué puedes hacer para mejorar su experiencia con tu negocio. Quizás debas recurrir a algo tan básico como educarlos acerca de tu solución y responder dudas en una videoconferencia. Pero hazlo de una manera creativa. Deja que interactúen. Implementa una dinámica de juego a través de una de tantas plataformas de gamificación. Sorpréndelos con tu información y el formato de entrega, con ello lograrás re-energizar tu negocio. Es menos costoso encontrar maneras de reactivar tus relaciones comerciales existentes que tratar de buscar nuevas, por lo que te recomiendo cuidar a tus clientes actuales y retenerlos. Intenta usar a tu favor aplicaciones de inteligencia artificial que aumenten el valor de lo que haces y mejoren la experiencia del usuario.

Es verdad que todos podrían aprovechar la inteligencia artificial, pero no todos sabrán cómo aplicarla a su negocio y aumentar su facturación gracias a ella.

5.   Apaláncate en la tecnología

La tecnología crece a pasos agigantados y está dejando rezagado al empleo. Las expectativas en el corto, mediano y largo plazo es que los índices de desempleo aumenten, ya que actualmente la tecnología no está contribuyendo como antes a crear fuentes de trabajo, sino a destruirlas.

Una forma de contrarrestar el efecto negativo de esta tendencia, es apalancarte en herramientas tecnológicas que te ayuden a hacer más con menos, aprovechando con ello la ola de cambio en lugar de padecerla.

6.   Aprovecha la paradoja de la nueva economía

Hoy en día, paradójicamente es más fácil hacer negocios que antes, pero también es más difícil.

Es más fácil porque tenemos más canales y conocemos el comportamiento de la gente a través de algoritmos.

WhatsApp, Telegram, Facebook, Instagram, TikTok, YouTube y Google, son plataformas con las que puedes captar clientes e incrementar tus ventas.

Pero paradójicamente es más difícil que antes, porque aprender a usar esa cantidad de canales en un orden lógico, integrando herramientas tecnológicas y siguiendo una estrategia específica, resulta muy complicado.

La manera de aprovechar esta paradoja es desarrollando nuevas habilidades y aprendiendo a usar herramientas digitales que te permitan aprovechar la tecnología para catapultar tus ventas, independientemente de tu producto y si operas un negocio tradicional u online.

7.   Terceriza lo más posible

Si requieres ayuda, apóyate en la tercerización de servicios contratando expertos en cualquier parte del mundo, a través de plataformas de teletrabajo. En este tipo de sitios resuelvo absolutamente todo lo que no puedo resolver por mi cuenta o no tengo tiempo de hacer. Si necesitas un logotipo, diseñar un catálogo, un sitio web o un banner, retocar una foto, editar un video, manejo de tus perfiles en redes sociales, etc... todo eso y mucho más, lo puedes contratar a distancia. La calidad es muy buena y las tarifas sumamente accesibles.

NEGOCIOS QUE ESTAN DESPUNTANDO

Los emprendedores que piensan a largo plazo y buscan aportar valor a la vida de otras personas, tienen más posibilidades de tener éxito en su negocio que quienes no lo hacen.

Hoy en día las personas pasan más tiempo en casa y compran lo que necesitan a través de aplicaciones basadas en web.

Los comerciantes locales también pueden mejorar sus resultados de negocio. Es momento de apoyar el consumo local y dejar de comprar productos importados. Las personas que venden sus productos trabajando desde casa, pueden beneficiarse con estos cambios. Por cierto que comprar productos locales es una manera de apoyar no sólo a negocios de tu comunidad, sino la economía de tu país.

Este cambio en el comportamiento y hábitos de compra, ha permitido a la nueva generación de emprendedores mejorar sus resultados, llegando a mas personas a un costo menor.

Veamos algunas opciones de negocio que están despuntando gracias a este fenómeno:

Las opciones que te presento a continuación, requieren de herramientas digitales integradas para ser realmente rentables, la buena noticia es que prácticamente cualquier persona con una computadora, un teléfono móvil y una conexión a Internet, puede aprovecharlas si realmente quiere entrar en el juego.

Para todas las opciones que te presento a continuación, necesitas, además de una inversión de capital que varía en cada caso, una página web y otras herramientas de comercialización para llegar a más clientes, automatizar tu operación, reducir tus costos y potenciar tus ganancias.

E-learning

La enseñanza se ha trasladado al espacio *online*, con impartición de clases virtuales a una escala jamás vista.

Estudiantes de todas partes del mundo siguen programas de estudio desde casa, a través de plataformas de videoconferencia.

Es un hecho que la industria de la educación en línea seguirá en ascenso y puede ser un negocio muy atractivo para quien quiera compartir sus conocimientos y experiencia en un formato de curso online, y producir jugosas ganancias enseñando lo que sabe.

Piénsalo, todos tenemos algo que enseñar. Lo importante es saber extraer tus conocimientos y experiencia para ponerlos en un formato de curso, montar un sitio web, encontrar a quienes buscan esa información y ofrecer tu entrenamiento de una manera atractiva, para que lo compren en grandes cantidades.

No importa si no tienes ninguna habilidad tecnológica o experiencia previa haciendo cursos y gestionando plataformas de **E-Learning**. Esas son habilidades que puedes aprender fácilmente y en poco tiempo, gracias a las nuevas plataformas "todo en uno", que incluyen las herramientas que necesitas para lograrlo, así como entrenamientos que te muestran paso a paso qué hacer.

Puedes ofrecer tu curso en línea y complementarlo con una comunidad de apoyo, para que tus alumnos puedan compartir ideas y obtener retroalimentación. La educación es un excelente nicho de negocio y si te interesa esta actividad, tú también puedes emprender enseñando.

Agencia de Marketing Digital

El potencial de negocio de una agencia de marketing digital es enorme.

Las estadísticas hablan por sí solas. Hoy en día, ya no es concebible hacer negocios sin un manejo profesional de herramientas online y redes sociales.

La confianza de las personas en un negocio arranca con el primer contacto en su sitio web y la experiencia de marca en sus redes sociales.

Cada año se crean cientos de miles de compañías y todas necesitan una presencia en Internet para tener visibilidad.

Si aprendes a hacer esto de manera profesional, te puede ir muy bien.

Agencia de Lanzamientos Digitales

Una agencia de lanzamientos dirige e impulsa los resultados de quienes quieren lanzar sus productos digitales al mercado.

Si aprendes a vender a través de ésta metodología, estarás aprovechando todo el potencial que tiene Internet para lograr más ventas.

Aquí puedes vender tus propios productos y servicios, así como tu asesoría de agencia para lanzar a otros expertos, produciendo jugosas ganancias tanto para tus clientes como para ti.

Cloud Kitchen

La revolución del envío de alimentos hizo posible las cocinas en la nube y la entrega a domicilio de alimentos a bajo costo, potenciando con ello sus márgenes de rentabilidad.

Piensa en los enormes gastos fijos que tiene un restaurante: renta de local, pago de nómina, refrigeradores consumiendo electricidad, insumos perecederos que siempre debe haber en existencia y un largo etcétera.

Si tu fuerte es la comida, esta puede ser tu oportunidad para saltar al terreno de juego.

Piénsalo, muchos de los gastos arriba mencionados te lo puedes brincar de golpe. No es que no vayas a tener gastos fijos, claro que los tendrás, pero podrás arrancar con una menor inversión inicial y sin tener que cargar con la presión de sostener tu negocio con esos desembolsos fijos desde el inicio.

Desarrolla una oferta gastronómica atractiva pero limitada en cantidad de platillos y lanza un negocio de comida a domicilio, ya sea desde casa o cualquier otro lugar de bajo costo apto para cocinar, con lo que tendrás una ventaja competitiva para arrancar y hacer crecer tu negocio en menos tiempo.

Tienda Virtual

Las tiendas en línea siguen prosperando y lo están haciendo como nunca antes.

Muchos establecimientos tradicionales han ido cerrando sus puertas, lo que significa una oportunidad para nuevos jugadores que busquen lanzarse al ecosistema virtual.

Existen muchas plataformas para montar tu tienda en cuestión de horas: Etsy, Mercado Libre, Amazon, Shopify, etc.

También puedes optar por desarrollar tu propio sitio web y recibir pagos de manera directa sin tener que pagar comisiones.

Montar este tipo de negocio implica una curva de aprendizaje, pero es posible y vale la pena invertir en ello, puesto que es una industria a la alza y no hay señales a la vista de una desaceleración.

Negocios relacionados
con salud y bienestar

El tema de la buena salud ha cobrado mayor relevancia de la que ya tenía, lo que te abre una oportunidad para generar ingresos mediante este canal. Un negocio basado en Internet dentro de esta industria, puede resultar una opción rentable, además de que puedes ingresar al campo de juego con poca inversión. Por ejemplo, si tienes formación profesional en nutrición y dietética, puedes dedicarte a ofrecer planes nutricionales y de pérdida de peso. También puedes vender suplementos vitamínicos como afiliado de alguna marca, alimentos naturales, rutinas de ejercicio y clases de yoga a distancia. Hay más opciones que puedes aprovechar, sólo asegúrate de que cumplan con 3 características: 1) que sea algo que te guste, 2) que sea algo de lo que tienes los conocimientos requeridos y 3) que haya un mercado interesado en pagar por eso.

Suministro de energías renovables

El compromiso de la sociedad por seguir impulsando una visión de desarrollo sostenible se ha visto reforzado, tanto por los desequilibrios medioambientales provocados por la acción del hombre, como las oportunidades de adoptar modelos de producción y consumo responsables.

Cuidar el presupuesto nunca pasa de moda y hoy más que nunca se ha vuelto una necesidad de primer orden.

Los negocios de suministro de energías renovables en los sectores residencial y comercial estarán en auge y puede ser una muy buena idea subirse a ese tren.

ESTRATEGIA 6

APRENDE UNA NUEVA HABILIDAD

E stamos evolucionando y quien no se actualice va a quedar fuera de la jugada, pudiendo perder su negocio o empleo.

Si el trabajo que estás desarrollando actualmente se lleva a cabo mediante actividades secuenciales, en cualquier momento va a llegar una máquina, una computadora, una aplicación o un robot a reemplazar tu actividad, por eso debes actualizarte.

La manera de hacerlo es aprendiendo nuevas habilidades.

A estas alturas es más que evidente que las cosas son diferentes. Las industrias mutaron. El mundo cambió en muchos sentidos y hay cosas por aprender que no debes dejar de lado.

También puede ser que tu negocio o empleo no esté dando los resultados que buscas, si ese es tu caso, haz algo diferente para enfrentar los nuevos desafíos y salir adelante.

Pero hagas lo que hagas, la clave radica en las habilidades que tengas para darle vida a tus ideas.

Y aquí la pregunta es: ¿Qué habilidad nueva vas a aprender?

No olvides el ejemplo del minero: tienes la opción de dirigir la luz de tu lámpara a los bancos de tierra y solo ver rocas y polvo, o bien, dirigirla al lado contrario y visualizar las vetas de oro. ¿Hacia donde vas a dirigir tu atención?

Deja de enfocarte en el problema y dirige tu atención a posibles soluciones.

Cuando cambias tu perspectiva y ves las cosas buenas que hay a tu alrededor, dejas de ver la tierra y el polvo en medio de una situación problemática y empiezas a distinguir las vetas de oro en medio de la obscuridad.

Probablemente la solución no esté a la vuelta de la esquina, pero en algún momento tienes que dar el primer paso y una buena manera de hacerlo es adquiriendo nuevas habilidades que te ayuden a ampliar tus horizontes y producir dinero.

Épocas de cambio como ésta no tienen porqué ser un tiempo perdido, al contrario, pueden ser el momento perfecto para dar un viraje a tu vida.

El mundo digital ha cobrado relevancia como nunca antes, por lo que mi recomendación es que explores las múltiples opciones que te ofrece y arranques un negocio en ese ecosistema.

A continuación te presento cinco habilidades que puedes aprender para capitalizar la avalancha de cambios que estamos viviendo y subirte a la ola de oportunidad.

No es necesario que aprendas todas las habilidades que aparecen a continuación, basta con que empieces con una. Sólo asegúrate de que el proceso de aprendizaje sea breve, que puedas aprenderla desde casa y que tenga el potencial de generarte ingresos en un tiempo razonablemente corto y a partir de ahí seguir construyendo.

PROGRAMACIÓN DE EMBUDOS DE VENTA

Los negocios que adoptan una estrategia de marketing a través de embudos de venta, se vuelven relevantes para sus clientes y generan más valor invirtiendo menos recursos en marketing y publicidad.

Si te vuelves experto en embudos de ventas podrás convertir estrategias comerciales de cualquier negocio en una máquina automatizada de ventas.

Hoy día tener trabajar con embudos ya no es un lujo, sino una necesidad y tú puedes ser el experto que ayude a diseñar recorridos virtuales a otros, que produzcan dinero para ti y tus clientes.

MARKETING DIGITAL

Prácticamente todas las empresas y negocios comercializan sus productos en línea y reestructuran su modelo de negocio de acuerdo a los cambios e innovaciones tecnológicas que se presentan día a día.

Si aprendes marketing digital para mejorar la comunicación de tus clientes con sus respectivos clientes, aprendes a generar contenidos relevantes que los ayuden a enganchar con su audiencia y educar a su público objetivo, también puede ser muy rentable para ti.

Por ejemplo, si antes un gimnasio abría sus puertas para que sus clientes realizarán sus rutinas en las instalaciones, ahora tendrán que pensar en vender sus servicios conectando con su audiencia a través de contenido de valor y ofreciendo planes de entrenamiento tanto presenciales como en línea. Quizás decidan vender ropa deportiva y suplementos vitamínicos con entrega a domicilio y programas de nutrición a cargo de un nutriólogo.

Para todo eso necesitarán un experto en marketing digital y la buena noticia es que ese experto puedes ser tú.

VENTAS

La capacidad de cerrar ventas de productos y servicios nunca pasará de moda y seguirá siendo muy valiosa. Ahora los canales se han diversificado, es posible hacer labor de venta y cerrar negocios en persona, por medio de chats, teléfono, correo electrónico a través de Zoom, por lo que poseer esta habilidad sabiendo integrar todos esos canales puede ser muy rentable para ti.

COPYWRITING O REDACCIÓN

Los redactores escriben textos con la finalidad de persuadir a los lectores de comprar productos y servicios. Para todas las publicaciones de redes sociales que ves, cada correo electrónico, cada página web o cada anuncio publicitario, existe un buen redactor o escritor de *copy*.

Las compañías que hacen cualquier tipo de marketing de contenidos y publicidad, necesitan redactores y más ahora que se puede comprar todo tipo de productos a través de internet. Porque no es sólo un correo electrónico, no es sólo una página, no es sólo un artículo. Para destacar en este mundo de distracción, el marketing de contenidos es extremadamente crítico. Los negocios necesitan a alguien para escribir sus guiones y publicaciones en redes sociales. Casi todas las empresas, si hacen algún tipo de marketing en línea, necesitan un redactor profesional.

Y la belleza de la redacción es que no tiene nada que ver con la escritura, tiene que ver con la venta. El mundo del *copywriting* es fascinante.

COMERCIO ELECTRÓNICO

El comercio electrónico despuntó como pocas actividades y es una excelente opción para crear un negocio propio o ayudar a otros a hacerlo. Cada vez más personas compran en línea y este hábito de compra pronto será la norma. Aprende a montar una tiendas online y busca maneras de distinguirse de la competencia. Estudia a fondo las estrategias de comercio social (en inglés: *social commerce*) y aprovecha el poder de las redes para promover productos y servicios.

ESTRATEGIA 7
DALE VIDA
A TUS IDEAS

Todo se origina con una idea y los millones de cosas que usamos y disfrutamos cada día, lo comprueban. Pero, ¿sabes realmente cómo poner en práctica el poder de tu mente y darle vida a tus ideas? La respuesta es muy sencilla: a través de la acción decidida.

Darle vida a tus ideas significa salir del parámetro de lo normal y pensar diferente, así como no tener miedo de dar el primer paso y tomar acción hasta completar el proceso. Pensar diferente, no significa que tienes que ser él único que piensa de una manera determinada y parecer un "bicho raro" a los ojos de los demás; se refiere más bien a pensar diferente de como pensabas antes, adoptar una mentalidad distinta a la que habitualmente tienes, y en ese sentido, equivale a usar un cerebro nuevo.

En estos tiempos de confusión y cambio, no puedes darte el lujo de dormirte en tus laureles. Muchos están buscando un lugar productivo dentro de la nueva economía, para acomodarse cuanto antes. Los tiempos de disrupción no desaparecerán tan rápido cómo quisiéramos, pero las oportunidades que están surgiendo sí lo harán. Si no quieres quedar fuera del juego, debes moverte rápido.

Antes se hablaba de negocios a prueba de crisis, como por ejemplo, los bares: cuando la economía estaba bien, la gente iba y se tomaba dos copas; pero si la economía estaba mal, se tomaban tres copas (o más). Eran negocios "a prueba de crisis". Sin embargo, estar a prueba de crisis no significa estar "a prueba de disrupciones forzadas".

TE PUEDO GARANTIZAR DOS COSAS:

1. Después de ésta disrupción ya nada será igual

2. Este no es el último cambio radical que vive la humanidad

Así es, habrá más disrupciones dentro de 2, 5 ó quizás 10 años. No es mi intención parecer negativo, así veo las cosas en este momento. Entonces ¿qué vas a hacer hoy para cuando un cambio radical vuelva a suceder?

El mayor desafío es dejar atrás el viejo paradigma y entender que la manera tradicional de hacer negocios murió. Hoy día estoy viendo propuestas de negocio tan creativas y revolucionarias, que antes hubiera sido impensable llevarlas a cabo. El mundo ha adoptado nuevos hábitos como realizar trabajo desde casa y estudiar a distancia. Casi toda la gente está comprando por Internet y en general la curva de adopción de nuevas formas de hacer muchas cosas sigue en asenso.

Esto ha derivado en el surgimiento de nuevos productos y servicios, que significan cuantiosas ganancias para quienes entienden las reglas del juego.

Pero ¿cuál es la razón de que algunos negocios tengan más éxito que otros?

La respuesta es que están diseñados como negocios ligeros. Un negocio de este tipo resulta más aptos para sobresalir en la nueva economía.

Hay muchos aspectos de un negocio ligero que puedes emular para reclamar tu rebanada de pastel en el mercado al que te diriges.

A continuación te presento una tabla que enumera las diferencias entre un negocio tradicional y uno ligero, para que puedas constatar porqué éste último puede sobrevivir y prosperar en el ecosistema de negocios actual.

RADIOGRAFÍA DE UN NEGOCIO LIGERO

NEGOCIO TRADICIONAL	NEGOCIO LIGERO
Paga renta por el espacio de trabajo.	Trabaja desde cualquier lugar conectado a Internet. No paga renta o no en su totalidad, cuando se opta por ocupar espacios de trabajo compartidos.
Paga nómina a sus empleados que trabajan en oficinas del negocio.	Paga comisiones atractivas a colaboradores que trabajan desde casa, con base en resultados, en lugar de engrosar su nómina pagando sueldos altos.

Invierte en unidades de transporte para hacer sus entregas.	Depende de sus proveedores para hacer las entregas directamente al cliente, o utiliza subcontratistas de transporte, sólo cuando es necesario.
Invierte en publicidad en medios de comunicación tradicional y digital, a un costo elevado.	Publicita sólo en medios digitales y de posicionamiento orgánico, a un costo más bajo.
Utiliza papel impreso para sus formatos operativos.	No utiliza papel, la información operativa circula en formato digital.
Tiene personal fijo para la mensajería.	Utiliza servicios de entrega por encargo.
Mantiene un inventario para vender productos y paga por espacio de almacenamiento.	No mantiene inventario, solo muestras y no paga por almacenamiento. El inventario se basa en lo que va vendiendo.
Contrata proveedores locales que cobran precios altos	Utiliza freelancers que trabajan en cualquier parte del mundo y ofrecen tarifas competitivas.

La inteligencia artificial y la robótica son una realidad cotidiana, lo mismo que la migración de más negocios tradicionales al ámbito digital.

Entonces tienes la opción de decir: "¿sabes qué? me niego a quedar paralizado por no contar con las habilidades necesarias para hacer frente a este alud de cambios. No voy a padecer de esta transición, de la misma manera en que tanta gente la está padeciendo y en lugar de ello, pondré a trabajar mi creatividad para desarrollar una solución novedosa, acorde a estos tiempos. Voy terminar más adelante de donde estaba, en lugar de quedar rezagado o peor aún, retroceder".

Atrévete a romper esquemas, no hagas caso a tu vocecita, que te dice que no es el momento adecuado para hacer eso que estás planeando. No escuches a tu ego cuando te recuerda que esa idea de negocio "no está a tu nivel". No temas ser diferente, salte del parámetro de lo normal. No tengas miedo de dar el primer paso, ten valor y dale vida a tus ideas.

EL MIEDO SE CONQUISTA A TRAVÉS DEL CONOCIMIENTO

Cuando quieres hacer algo que no conoces, a veces tu ignorancia se traduce en miedo. Tu mente te juega mil trucos para alejarte de esa "incomodidad" y permaneces en tu zona de control por temor a fracasar. Pero la solución es muy simple: aprende lo que tengas que aprender y dale vida a tus ideas. Hoy más que nunca vas a tener que salir de tu ecosistema y enfrentar nuevos desafíos. No pierdas tiempo y conquista tu miedo a través del conocimiento. Aprende eso que necesitas aprender, para superar el obstáculo que te mantiene paralizado. Si no tienes una idea clara de cómo lanzar un negocio, utilizando las ventajas que ponen a tu alcance Internet y las redes sociales, la solución es muy simple: Aprende.

La buena noticia es que no tienes que saber de robótica o realidad virtual para poder concretar un nuevo negocio; sin embargo, sí hay ciertas cosas elementales que puedes y debes aprender, si no quieres permanecer en el pasado.

¿ES TU EMPLEO UNA ESPECIE EN PELIGRO DE EXTINCIÓN?

En Las Vegas, hay bartenders robotizados sirviendo bebidas a los huéspedes de los hoteles. La mayoría de los visitantes prefieren que el robot les sirva su trago, en lugar de pedirlo en una barra tradicional. ¿Por qué? Pues porque no tienen que dejar propinas y es la novedad. Es bien sabido que las máquinas tragamonedas, representan el mayor porcentaje de ganancias de un casino, por lo que no es tan difícil suponer que algún día los *croupiers,* también serán robots.

Utilizar vehículos autónomos es otra de las tendencias actuales. Quienes impulsan el uso de autos sin conductores, argumentan que los choferes humanos son costosos, faltan a trabajar, no cuidan la unidad y representan un peligro potencial para la seguridad de pasajeros y transeúntes, cuando no conducen con precaución. Esto acelerará el despliegue de vehículos sin conductor, dedicados a entregar alimentos a domicilio, llevar y traer cosas como lo hace un mensajero y transportar personas de un lugar a otro.

Si vas a YouTube puedes ver el hotel de Alibaba, que opera prácticamente sin personal. No hay staff. Te reciben dos personas a la entrada para darte la bienvenida y sólo si es necesario, te ayudan a registrarte en los módulos automatizados. Los bares, las cocinas y los restaurantes, funcionan con robots. Los platillos los pides desde tu mesa, a través de una *app* que bajas a tu dispositivo móvil. No hay meseros, los alimentos y bebidas llegan hasta ti por medio de un robot con ruedas, mismo que abre sus compuertas y desliza en tu mesa las charolas con los platillos a la temperatura perfecta para ser ingeridos.

Tus compras en la propiedad las realizas en tiendas sin empleados, utilizando un código generado en la misma aplicación. Las llaves de los cuartos son por reconocimiento facial. Si quieres pedir servicio a la habitación, lo haces a través de un dispositivo de reconocimiento de voz, que realiza tareas de comando y que te puede surtir cualquier cosa que requieras: comida, bebidas, toallas, almohadas, etc. Hay personas de apoyo en todas las áreas del hotel, por si algo se atora, pero estamos hablando de 1 ó 2 empleados como máximo en cada una. Todo está automatizado.

Al hotel le conviene porque los robots no se enferman, no faltan a trabajar, no piden aumento de sueldo –ni siquiera cobran sueldo– no hay mermas en las cocinas y no existe ni el mínimo riesgo de que desaparezcan las pertenencias de valor de algún huésped.

Y en otros sectores esto también va a suceder. Los robots realizarán cada vez más labores de servicios, en las que existen interacciones con clientes. Los robots que llevan a cabo labores de limpieza en espacios comerciales, son cada vez más comunes. En las cafeterías ya hay robots sirviendo café, reemplazando al famoso "barista." Pronto en Starbucks no habrá necesidad de tanto personal. Los bartenders, croupiers, choferes, empleados de hotel, encargados de limpieza y baristas, deberían prepararse para el cambio inminente, puesto que tarde o temprano el robot los va a reemplazar.

Esto no es el futuro, es el ahora. Y después de la pausa que nos aplicaron, todo se desencadenará más rápido. En los estacionamientos, ya no hay personal cobrando la cuota correspondiente cuando te retiras en tu auto. Espacios que albergan cientos de mini-bodegas, ya solo cuentan con 1 ó 2 empleados, mismos que sólo cubren un turno durante todo el día. Eventualmente, muchos otros puestos quedarán reemplazados por máquinas de auto-pago y expendedoras. Abre los ojos: muchos de los puestos que antes solíamos tener como trabajo, muy probablemente no existirán en poco tiempo.

La inteligencia artificial reemplazará a periodistas, agentes inmobiliarios, árbitros, contadores, diseñadores, recepcionistas. Impresoras 3D son capaces de construir casas enteras, suplantando a trabajadores de la construcción. Los robots podrán hacer diagnósticos médicos y recetar medicinas, suplantarán labores de cocineros, médicos, abogados, secretarias administrativas, conserjes y un muy largo etcétera de puestos de trabajo. Prácticamente no hay profesión que se salve. Todas están siendo impactadas en menor o mayor medida por la automatización del trabajo.

CONVIERTE LA ADVERSIDAD EN OPORTUNIDAD

Estoy convencido de que toda crisis es aprovechable. Si buscas la etimología de la palabra "crisis", comprobarás que en principio no tiene una connotación negativa. Proviene del griego "κρίσις" (crisis) que se pronuncia idéntico que en castellano y significa entre otras cosas: "separación". El verbo correspondiente a este sustantivo es "κρίνω" (krino), que significa: "decidir".

La crisis entonces, es un momento de ruptura en el que es necesario decidirse por un camino distinto al rutinario. La actual disrupción ha generado una crisis sin precedentes en varios sectores y es evidente que muchas de las formas tradicionales han dejado de servir.

Estamos viviendo un momento que podemos aprovechar a nuestro favor, en lugar de luchar contra él. Si se ha vuelto difícil sobrevivir en tu entorno, pregúntate: ¿dónde puedo encontrar pastizales más verdes? ¿cómo puedo utilizar las nuevas tecnologías y modelos de negocio que están emergiendo para cambiar mi modo de vida?

En medio de la confusión que producen los cambios, también surgen soluciones que hombres y mujeres con imaginación logran capitalizar.

Se ha dicho que el ser humano puede materializar cualquier cosa que pueda concebir mentalmente, por lo que este no es momento para mentalidades débiles.

Dentro de pocos años veremos un mundo totalmente distinto, transformado por personas que ven en la adversidad una puerta abierta para la oportunidad.

¿DE QUÉ LADO DE LA LÍNEA VAS A JUGAR?

POR ENCIMA DE LA LÍNEA

LIBERTAD   RESPONSABILIDAD

VISIÓN   "YO SUPERIOR"   VALOR

ABUNDANCIA   PROPÓSITO

MENTALIDAD GANADORA

PODER DE ELECCIÓN

INTELIGENCIA FINANCIERA

PENSAMIENTOS LIMITANTES

MENTE CONDICIONADA   PRETEXTOS

MIEDO   POBREZA ECONÓMICA

INCERTIDUMBRE   DUDAS

ESCASEZ   VÍCTIMA

POR DEBAJO DE LA LÍNEA

La mayoría de las personas se quedan en el camino porque nunca comienzan nada. Juegan por debajo de la línea. Hacen un plan, lo guardan durante años y nunca lo realizan. Hay muchas cosas que de no utilizarse, se atrofian. Tan pronto como un hombre o una mujer dejan de activarse mental y físicamente, también se atrofian y están cada vez más cerca de su tumba.

Todos sabemos lo que le sucede a un coche cuando lo dejas afuera sin usar y descuidado; comienza a oxidarse y muy pronto se convierte en chatarra. Los seres humanos somos iguales; nos oxidamos cuando quedamos fuera del juego, sin aspiraciones y nos sentimos como chatarra cuando no somos capaces de darle sentido a nuestra vida.

No dejes que eso te suceda. Aplícate al 100%, interésate, obsesionate con tu visión, enfoca toda tu atención en eso que quieres lograr, en pocas palabras RESETÉATE y aprovecha ese impulso de energía renovada para emprender un nuevo camino y llegar más lejos.

Espero sinceramente que los principios, metodologías e información que te presento en estas líneas, te ayuden a sobrevivir y prosperar en la **nueva economía**.

Gracias por leer mi libro

Sinceramente,

JORGE ZURITA